W0095955

Elin Unnes

Garten-
verrückt

Lebensweisheiten und botanische Tricks
von unsterblichen Gartengenies

Aus dem Schwedischen von
Regine Elsässer

Mit Illustrationen
von Lucia Götz

Atlantik

Die Originalausgabe erschien 2018 unter dem Titel
I odödliga odlares sällskap bei Natur & Kultur, Stockholm.

Atlantik Bücher erscheinen im
Hoffmann und Campe Verlag, Hamburg.

1. Auflage 2019
Copyright © 2018 by Elin Unnes
Für die deutschsprachige Ausgabe
Copyright © 2019 by Hoffmann und Campe Verlag, Hamburg
www.hoca.de   www.atlantik-verlag.de
Einbandgestaltung: Sarah M. Hensmann © Hoffmann und Campe
Illustrationen: Lucia Götz/Jutta Fricke Illustratoren-Agentur
Satz: Pinkuin Satz und Datentechnik, Berlin
Gesetzt aus der Caecilia und Merlod Queue
Druck und Bindung: Friedrich Pustet, Regensburg
Printed in Germany
ISBN 978-3-455-00552-3

HOFFMANN
UND CAMPE

Ein Unternehmen der
GANSKE VERLAGSGRUPPE

Inhalt

Vorwort

Der britische Künstler Ian Hamilton Finlay widmete viele Jahre seines Lebens der Anlage eines Gartens. Als seine Freunde ihn deshalb aufzogen und sagten, er habe sich ein Retreat, einen weltabgewandten Rückzugsort gebaut, antwortete er: »*Certain gardens are described as retreat when they really are attacks*« – manche Gärten werden als Rückzug beschrieben, dabei sind sie in Wirklichkeit Attacken. In anderen Sprachen geht das Wortspiel (fast) verloren – retreat bedeutet auch militärischer Rückzug.

Ich selbst war viele Jahre eine heimliche Gärtnerin. Tagsüber schrieb ich für die Zeitung, machte mir Sorgen wegen wütender Rockbands und eines Chefs, der Crack rauchte. Am Wochenende zog ich mich in meinen Garten zurück, selbst gute Freunde wussten nicht, was ich tat. Eine der Ersten, die das mitbekam, war eine Fremde, nämlich Anna G. Tufvesson von der Zeitschrift *Allt om Trädgård* (Alles über den Garten). Als ich hörte, dass sie in einer der besten schwedischen Punkbands, Garbochock, gespielt hatte, wusste ich, dass wir zusammenarbeiten würden. Wir beschlossen, eine Serie von Porträts über historische Gärtnerinnen und Gärtner zu machen – lebende und tote, schwedische und ausländische, reale und fiktive. Anna machte die Vorschläge, ich schrieb die Texte. Oft hatte ich noch nie etwas von den Menschen gehört, wenn ich zu schreiben anfing. Es war wie ein Grundkurs in Gartengeschichte.

Die Personen in diesem Buch sind eine Auswahl dieser Porträts, ein kleiner Teil der Hortikultur-Elite. Ich könnte behaupten, dass sie die besten Gärtner*innen der Welt sind, aber das stimmt natürlich nicht – wenigstens ein Kontinent fehlt ganz. In meiner subjektiven inneren Welt sind sie jedoch die besten der Welt: Sie sind ein Prequel der Gärtnerin und Schreiberin, die ich selbst geworden bin.

Die Auswahl zu treffen war schwierig, um nicht zu sagen qualvoll. Wir suchten, wünschten, fanden Kompromisse. Und dann tauchten auch noch ein paar neue Idole auf. Alte Lieblinge kämpften mit neuen Schwärmen um einen Platz. Im Lauf der Arbeit wurde jedoch klar, dass all diese Gartenhelden eines gemein hatten (also neben der Liebe zu Pflanzen): Sie gärtnerten oder gärtnern aus Protest – gegen Umweltzerstörung, Ungerechtigkeit, Dummheit, Hunger, Gier, Hässlichkeit, gegen Autoritäten und Mobber. Sie sind alle, mehr oder weniger, eine Art ökologische Anarchisten, ein Teil der friedensbewahrenden Armee, die in Gaias Namen ausgesandt wurde. Ihre Gärten sind immer Zufluchtsorte, oft Angriffe, niemals jedoch Rückzug.

In ihren Reihen gibt es einige der verrücktesten, lustigsten und wildesten Knallköpfe, die man sich denken kann. Ich stelle sie mir gerne als Kinder auf einem Schulhof vor, zersplittert in kleine Gruppen, die hin und wieder zusammenkommen, um sich dann erneut aufzuteilen. Manchmal entstehen Kabbeleien, aber eigentlich haben alle das gleiche Ziel: ganz konkret, mit einem Spaten (oder indem sie den Spaten ablehnen) die Welt zu verändern.

Gartenverrückt ist eine Art Anthologie, eine Odyssee durch Gärten und Welten, die von den stärksten, unkonventionellsten Charakteren in einigen der coolsten Gangs der Welt geschaffen wurden. Vierzig der besten Gärtner und Gärtnerinnen der Welt.

XOXO
Elin

Die
Pflanzschule
Sissinghurst

Die coolsten Kids versammelten sich um die britische Aristokratin Vita Sackville-West (1892–1962). Sie ist der Gartenstar *to end all* Gartenstars. Schon zu Lebzeiten war sie eine der größten Gärtnerinnen der Welt, und ihre Gartenkolumne in einer britischen Zeitung war so populär, dass das örtliche Postamt die Zustellung aufstocken musste. Ganze Wagenladungen mit Briefen mussten zu Vita transportiert werden. Sie liebte kaputte und abgenutzte historische Gegenstände und die Un-Farbe Weiß (sie hat den Stil erfunden, den man heute *Shabby Chic* nennt).

Eine von Vitas Freundinnen war die Floristin Constance Spry (1886–1960). Constance war keine geborene Aristokratin, aber dank ihrer Kontakte zu Leuten wie Vita wurde sie Teil der Gruppe. Constance ist verantwortlich dafür, wie wir heute Edles und Wildes in einer Vase kombinieren, sie prägte den Schnittblumenteil der Shabby-Chic-Ästhetik: zerzauste Pfingstrosen in angelaufenen Silberschalen, Hortensien in einer alten Holzkiste, Federspargel in Konservendosen.

Die Künstlerin Vanessa Bell (1879–1961) war auch eine Freundin einer Freundin. Wie für viele Künstlerinnen ihrer Zeit war Vanessas Arbeitsplatz ihr Zuhause – sie musste die Dinge abmalen und bemalen, die um sie herum waren. Ob sie einen Garten anlegte, um mehr Modelle zum Abmalen zu haben, oder ob ihr Garten so toll war, dass sie es einfach nicht lassen konnte, ist schwer zu sagen.

Vita, Constance und Vanessa waren auch auf eine Art freisinnig, die die Komödie *The Aristocrats* als trockene Dokumentation erscheinen lässt. (Kleine historische Einordnung: Das war zu einer Zeit, als heterosexueller Sex als fast ebenso anomal angesehen wurde wie homosexueller Sex. Der berühmte Tipp für Frauen, die mit ihren Männern schlafen wollten, lautete: »Schließe die Augen und denke an England.«)

Ausgerechnet Constance Spry ist heute eigenartigerweise vergessen. Einer, der sie nicht vergessen hat, und der sich, wenn auch unbewusst, auf sie bezieht, ist der Florist Thierry Boutemy (geb. 1969). In einer Zeit, in der Constances und Vitas Shabby-Chic-Ästhetik bis zur Unkenntlichkeit entstellt worden ist, verwandelt Thierry Unkraut in die schönsten Gestecke auf den Festen der High Society.

Vita Sackville-West

(1892–1962)

Blumen und Bienen bei den Viktorianern

An einem Samstagmorgen im November – es war der Morgen, als ich feststellte, dass ein Haufen Zwanzigjähriger auf meinen Sofas schlief – bin ich Vita verfallen.

Ich schnappte mir ein geliehenes Buch, das im Flur lag, Vita Sackville-Wests *The Illustrated Garden Book*, und verließ das Chaos in der Wohnung. In einem Café im Obergeschoss einer Kunstschule, umgeben von nackten Statuen, bestellte ich einen Kaffee. Dann öffnete ich das Buch einer Unbekannten und traf, ohne jede Vorwarnung, mein neues Gartenidol. Wussten Sie zum Beispiel, dass tote Heilige nach Veilchen riechen? Das erwähnt Vita schon im ersten Kapitel. Der Geruch der Gebeine von Heiligen soll laut Vita auf die gleiche Art und Weise entstehen wie bei duftenden Blumen.

Vita wurde im 19. Jahrhundert geboren. Als Einzelkind im Zeichen der Fische, was eigentlich hätte bedeuten müssen, dass sie als eigenartiger Teenager und realitätsfremde junge Frau erzogen wurde. Sie war eine britische Ultra-Aristokratin mit einem dekadenten Dreh: Ihre Eltern waren Cousin und Cousine, ihr Großvater ein Lord und ihre Großmutter eine spanische Tänzerin (sie bekamen zusammen sieben Kinder, obwohl die Tänzerin mit einem anderen verheiratet war). Das komplizierte Liebesleben scheint sich vererbt zu haben: Nicht lange nach der letzten Jahrhundertwende brannte Vita, als Mann verkleidet, mit ihrer Geliebten Violet nach Frankreich durch. Als sie einundzwanzig war, heiratete sie den Baron Harold. Sie waren beide Schriftsteller, liebten das Gärtnern, und ihre Ehe war so offen, dass Angie und David Bowie dagegen wie prüde Viktorianer wirken.

Im Jahr 1928 starb Vitas Vater und sie verlor ihr Elternhaus, Knole House, aufgrund der männlichen Erbfolge. »Haus« ist nicht der richtige Ausdruck. Mit seinen 365 Zimmern ist Knole eher ein kleines Dorf. Vita und Harold begaben sich also auf Haussuche und fanden ihr neues Heim in Sissinghurst Castle. Der damals fünfzehnjährige Sohn Nigel erinnert sich an das Schloss aus dem 16. Jahrhundert als »den heruntergekommenen Rest eines elisabethanischen Hauses ohne ein einziges bewohnbares Zimmer« und an den Garten als einen »Abfallhaufen«. Was für ein Glück, dass Vita tiefe Taschen und kein Schamgefühl besaß.

Im Laufe von vielen Jahren und mit Hilfe von Gärtnern und Butlern verwandelten Vita und Harold Sissinghurst in ein prunkvolles Wunderland. Sie experimentierten schon früh mit Gartenräumen: gerade Wege, wie Korridore in einem verwinkelten Haus, führen zu intimen Kammern, planlos aber extravagant bepflanzt. Manche Leute meinen, dass Vita damit das verlorene Schloss ihrer Kindheit wieder erschaffen wollte, als trotzige Revanche gegen die hässliche Schnauze des Erbrechts.

Am Wallgraben des Schlosses stellte Vita sich einen monochromen Gartenraum vor, mit grauwolligen Hasenohren und silbern schimmerndem Meerkohl, sahnigen Margeriten und wohlriechender Eberraute. In ihrem Traum schwebte die gespenstische Turmeule des Schlosses lautlos über den weißen Garten, während die ersten Schneeflocken fielen.

Vita war auch Vorbild für die Hauptperson in Virginia Woolfs *Orlando*, einer Liebeserklärung in Romanform. Woolf saß alleine zu Hause und verzehrte sich vor Sehnsucht, während Vita eine Affäre mit einer verheirateten Garmanschwester* hatte und zudem noch ein kompliziertes Dreiecks-Verhältnis mit einer waghalsigen Kriegsreporterin und deren Freund.

Darum geht es hier. Ich bewundere Vita nicht so sehr für ihre Perfektion und den Schlossgarten, sondern dafür, dass sie der Rockstar unter den Gärtner*innen ist. Für alle Fehler und Mängel, die richtige Bohemiens mit Stolz und Stil tragen. Weil sie Pflanzen liebte und Pflanzen hasste und nie vor dem Morbiden in der Natur oder im Leben zurückwich.

Mit dem Wissen über Vitas wildes Leben und einem Kitzeln im Nacken trank ich meinen Kaffee aus, richtete mich auf und ging nach Hause, um die Zwanzigjährigen zu wecken, die immer noch auf den Sofas schliefen, mit ihren Lederjacken als Kissen.

Vitas Stil mopsen: architektonische Räume

Sissinghurst ist in vielerlei Hinsicht phantastisch. Besonders beeindruckend ist der architektonische Aufbau, die Struktur. Der Garten besteht aus vielen verschiedenen Räumen – wie ein Labyrinth, nur ohne die Verwirrung. Gerade Wege führen zu Torbögen und geheimen Verstecken, die man betreten muss, um zu sehen, was darin ist: eine verwitterte Skulptur, ein Sitzplatz oder eine spannende Pflan-

---

* Die Garmanschwestern waren die It-Girls der dreißiger Jahre, so dekadent, dass Kate Moss blass wird.

ze. Harold, Vitas Mann, war für den Rahmen verantwortlich. Er bekam Hilfe von befreundeten Architekten und zog die schnurgeraden Wege, indem er seine Söhne mit Schnüren in den Händen aufstellte. Aber der Park war schräg und schief, weshalb er sich auch auf sein Augenmaß verlassen musste, damit alles gut aussah.

Sissinghurst ist ein monumentales Werk in epischen Proportionen, Harolds Beschreibungen sind oft sehr kompliziert. Ist man Design-Novize und will den Stil kopieren, kann das sehr abschreckend wirken. Vita hingegen drückt sich klarer aus: größtmögliche Formalität im Aufbau, größtmögliche Dekadenz in der Bepflanzung.

Fangen Sie so an: Genau wie ein Gemälde einen Rahmen braucht, muss ein Garten eingerahmt und auf allen vier Seiten begrenzt werden – mit einer Mauer, einem Haus, einer hohen Hecke, einem Brett oder einer Kombination aus diesen Dingen. Innerhalb des viereckigen Rahmens verläuft ein horizontaler Weg, den ein vertikaler Weg kreuzt und so vier Beete entstehen lässt. Denken Sie an die schwedische Flagge: Die Wege sind das Gelbe, das Blaue sind die Beete. Jedes Beet muss ebenfalls eingerahmt werden. Zum Beispiel von einer niedrigen dichten Hecke. Jetzt werden alle Buchsbaum sagen, aber ich hasse Buchsbaum, ich sage also, alles, nur nicht Buchs. Sogar Berberitzen sind besser. Aber noch lieber Grasnelken, gestutzter Lavendel oder winterhartes Bohnenkraut. Ich habe sogar schon gesehen, wie man Petersilie effektiv dafür verwenden kann. Die Wege zwischen den Beeten werden mit Kies, sorgfältig geschnittenem Gras oder Rindenmulch bedeckt. Am besten nimmt man etwas, das man leicht bekommt und, wenn nötig, großzügig nachfüllen kann. (Die Kräuterfrau Annemarta Borgen auf Seite 139 lebte auf einer Insel und sammelte am Strand zerkleinerte Muscheln.)

Jetzt ist das strikte, architektonische Rahmenwerk fertig. Vier kleinere Vierecke in einem großen. Je größer der Garten, desto mehr gerade Wege und viereckige Beete kann man anlegen. Als Kontrast dazu wollte Vita die Beete so zerzaust wie möglich bepflanzen. Der jetzige Chefgärtner in Sissinghurst, Troy Smith, bedauert, dass er die Pflanzen nicht mehr aus den Beeten herauswachsen lassen kann – damit die Besucher sich ungehindert auf den Wegen bewegen können, müssen die Pflanzen im Rahmen bleiben. In einem privaten Garten muss man sich darum nicht scheren. Nur zu.

Hier kommt Vitas Pflanzvorschlag: Zunächst eine Unterpflanzung, eine Art Fußboden im Beet, bestehend aus aromatischer Eberraute, Silber-Greiskraut, grauem Heiligenkraut und Schafgarbe. Dazwischen weiße Lilien, Rittersporn und Fingerhut. Dann weiter mit Schleierkraut, Sonnenröschen und Glockenblumen – alles in Weiß. Die Insekten müssen in diesem Beet wahnsinnig werden. Bei Vita kamen später im Jahr weiße Herbstanemonen und weiße Dahlien dazu. Entlang des mittleren Weges streckten weiße Kletterrosen ihre Zweige über die alten Mandelbäume.

Der letzte Geniestreich in Sissinghurst ist das Überraschungsmoment. Man kann nie den ganzen Garten auf einen Blick erfassen, weil er durch hohe Hecken unterteilt ist. Auch in einem kleineren Garten kann man Überraschungseffekte erzeugen, indem man einen Weg zu einer Öffnung in einer Hecke oder Mauer führt. Wenn eine permanente Hecke zu teuer oder zu schwierig ist, kann man mit einer improvisierten grünen Wand arbeiten. Es gibt diese langen, dünnen entrindeten Stöcke, die man früher für Heuharfen verwendet hat. Die Bauern brauchen die Stangen heute nicht mehr, und deshalb kann man sie oft in alten Scheunen finden. Sie sehen im Garten phantastisch aus. Wenn man sie in einer Reihe in die Erde steckt, bilden sie eine hohe Pflanzenstütze. Früher ließ man Hopfen daran ranken, aber auch Feuerbohnen bedecken sie in Nullkommanix.

Bindet man horizontale Juteschnüre zwischen die Stangen, bildet sich ein blühendes, undurchdringliches Wirrwarr. Das klappt auch mit langsam wachsenden, mehrjährigen Kletterpflanzen, wie zum Beispiel Brombeeren. Man kann die Stangen mit etwas mehr Zwischenraum setzen und die Brombeeren in einem Karomuster dazwischen flechten. Sieht auch im Winter gut aus. Wenn alles fertig ist: Vergessen Sie nicht, eine Überraschung im Raum hinter der Pflanzenwand zu verstecken, damit man für seine Neugier belohnt wird. Zum Beispiel die Statue einer vestalischen Jungfrau. Jeder Garten mit Selbstachtung braucht wenigstens eine vestalische Jungfrau.

Constance Spry

(1886–1960)
Der Name der Rose

Mein Verhältnis zu Rosen ist kompliziert. Ich trage einen geerbten inneren Kampf aus, bei dem die Liebe meiner Mutter zur Schönheit der Rosen gegen die Verachtung meines Vaters wegen deren nicht vorhandenen Nutzen kämpft.

Jede Rose – von Damaszener über Teerosen bis hin zur Hundsrose – ist lockend und verboten zugleich. Am verlockendsten ist die Constance Spry, die – neben der verwirrenden Doppelheit, die ich allen Rosen zuschreibe – zudem noch Geschichten flüstert über außereheliche Leidenschaft im England der Jahrhundertwende, einen schwindelerregenden Klassenaufstieg und phantastische Triumphe.

»Genau, die Ausfirst, wie sie in der Gärtnersprache heißt«, antwortet meine Gartenfreundin Anna G, als ich sie nach Constance frage. »Übrigens eine ganz phantastische Rose.«

Aber bevor Constance Spry die allererste Rose des Züchters David Austin wurde, war es der Name einer Frau.

Constance Spry wurde im 19. Jahrhundert in eine arme irische Familie geboren. Eine gewalttätige erste Ehe zwang sie schließlich, das Haus und die Insel zu verlassen. Constance, Connie unter Freunden, musste von Null anfangen, mitten im Ersten Weltkrieg. Sie schuf sich ein neues Leben, verliebte sich in einen neuen Mann. Und kurz nach ihrem zweiundvierzigsten Geburtstag änderte sich ihr Leben komplett. Eine Freundin, die ein vornehmes Parfumgeschäft betrieb, brauchte Hilfe bei der Schaufenstergestaltung. Mit diesem Fenster bekam Constance die Chance, ihre autodidaktisch erlernte und zudem völlig überirdische Fähigkeit, Blumen zu arrangieren, zu zeigen. Von diesem Tag an bestand ihr Leben darin, extravagante, wilde Blumenarrangements für eine hippe, reiche englische Künstlerklasse zu schaffen. Connies Arrangements erinnerten an die Gemälde der holländischen Meister, und sie wurde bald Vita Sackville-Wests Idol. Ihrer Zeit weit voraus, stellte Connie Sträuße aus Gras, Grünkohl und entlaubten Zitruszweigen zusammen. In den dreißiger Jahren war sie erfolgreich und skandalumwittert, weil sie wertvolle Orchideen mit Unkraut kombinierte. Sie revoltierte gegen prüde viktorianische Traditionen, und sie war völlig vorurteilsfrei in ihrer Beurteilung von Schönheit. Und genau wie Vita nahm sie, zumindest in einem Fall, eine Auszeit von dem Mann, den sie liebte, um mit einer umstrittenen Künstlerin zusammen zu sein.

Connie machte auch die Sträuße für die Hochzeit zwischen dem It-Girl von damals, Wallis Simpson, und dem abgedankten König Edward VIII. Wallis war eine geschiedene Amerikanerin, und Edward verzichtete auf die Königskrone, um mit ihr zu leben. Nach diesem Auftrag lief es für Connie im übrigen britischen Königshaus nicht mehr so gut. Aber ihre Anziehungskraft erwies sich als stärker als ein königlicher Skandal. Trotz des Wallis-Edward-Debakels arrangierte Connie die Blumen und organisierte den Lunch zur Krönung Königin Elizabeths.

Vielleicht war es kein Zufall, dass Connie so vorurteilslos war. Sie selbst hatte auch ein Geheimnis. In der Biographie *The surprising Life of Constance Spry* steht, dass es keinen Beweis dafür gab, dass Connie Henry Ernst »Shav« Spry je geheiratet hatte. Als Constance 1960 starb, lebte sie jedoch immer noch mit dem Mann zusammen, dessen Namen sie trug. Im Jahr darauf ehrte David Austin sie, indem er seine erstgeborene Rose – gefüllt, knallrosa, prachtvoll und mit einem berauschenden Duft nach Myrrhe – auf *Constance Spry* taufte.

Die Geschichte hinter Ausfirst

Die Welt der Rosen ist groß und verwirrend und erinnert stark an einen klassischen russischen Roman, wo niemand von einer Seite zur nächsten gleich heißt.

So geht die Schöpfungsgeschichte der Rosen: Am Anfang waren die Rosen. Sie waren dornig und schön, sie dufteten wunderbar und blühten einmal pro Sommer, ganz schnell, mit todesverachtendem Überfluss.* Nach einigen tausend Jahren Rosenanbau gab es jemanden, der meinte, dass man

* Es gibt natürlich Ausnahmen von all diesen Regeln.

26

dieses Konzept verbessern könnte, und er führte die erste moderne Rose, die Teehybride, ein. Aber wie so oft in der Natur hat jede botanische Verbesserung ihren Preis: Die modernen Teehybriden blühen fast ohne Unterlass den ganzen Sommer, manchmal bis zum Frost*, oft auf Kosten des Duftes.

Der Erlöser der modernen Rose ist David Austin, ein roseninteressierter Hobbygärtner, der es sich zur Lebensaufgabe machte, eine altmodische moderne Rose zu züchten – eine Rose, die sowohl duftet als auch lange blüht. Und David Austins Geschichte beginnt mit *Constance Spry*: romantisch zart wie eine altmodische Rose, aber gesund wie die langweiligen, modernen Varianten. Die Rose trägt den Codenamen *Ausfirst*, also Austins Erste. Sie wurde erstmals 1961 verkauft und war die Erste aus der Familie, die inoffiziell englische Rosen oder Austinrosen genannt werden. (Verstehen Sie jetzt, wie ich das mit den russischen Romanen gemeint habe?). Ausgerechnet die *Constance Spry* remontiert nicht, diesen Code entschlüsselte David erst ein paar Versuche später, aber zusammen wurden David und Constance weltberühmt.

Für Leute wie mich, die Angst vor Blumen haben, sind Rosen ein guter Einstieg in schwierigere Ziergewächse. Einerseits, weil Hundsrosen verwendet werden können wie »normale« Beerensträucher (sowohl Blüten als auch Hagebutten können im Essen und als Medizin verwendet werden). Andererseits sind Rosen Pflanzen, von denen man leicht ein wenig besessen wird. So geschehen, als mein

---

* In der Rosensprache gibt es verschiedene Ausdrücke. Alle Rosen, die mehr als einmal pro Sommer blühen, nennt man öfterblühend. Sie können entweder remontierend sein und zweimal pro Sommer blühen, oder sie blühen kontinuierlich und ohne Pause den größten Teil des Sommers.

Mann und ich eine alte Kate übernahmen und unsere ersten Rosen erbten. Er fing fast unmittelbar damit an, sich der Tätigkeit zu widmen, die man auf Englisch *deadheading* nennt (ich selbst verlor das Interesse, als ich verstand, dass es nichts mit der Band Grateful Dead zu tun hatte). Unsere Rosen, *Climbing Iceberg* und *New Dawn*, sind an einer Wand als Spalier gezogen, und eines Tages fand ich den Mann, wie er schweigend die Wand anstarrte, meine Superschere in der einen Hand. Als ich fragte, ob alles in Ordnung sei, antwortete er: »Ich wusste einfach nicht, dass Rosen ... so schön sein können.«

Deadheading

Deadheading ist ganz einfach: Welke Blüten werden mit einer scharfen, sauberen Gartenschere abgeschnitten und auf den Kompost geworfen. Man macht das aus mehreren Gründen. Altmodische Rosen und Hundsrosen blühen oft schnell und effektvoll, ich persönlich würde nie empfehlen, eine Hundsrose zu »köpfen« – die Hagebutten sind die halbe Freude. Moderne, showige Rosen haben jedoch eine Tendenz, gewissermaßen über sich selbst zu kollabieren. Und einige bekommen gar keine Früchte. Manche Leute finden das hässlich und schneiden deshalb welke Blüten ab. Bei Rosen, die immer wieder oder kontinuierlich blühen, hilft das Schneiden, neue Triebe und Blüten anzuregen – die Rose weiß, dass es ihr Job ist, befruchtet zu werden, und so lange der Job nicht erledigt ist, schickt sie wieder neue Blüten. Zum Herbst hört man dann mit dem *Deadheading* auf, um der Rose zu signalisieren, dass es Zeit zum Ausruhen ist.

Thierry Boutemy

(geb. 1969)

Sofias Entscheidung

Bei der Arbeit als Rockjournalistin kommen Rezensionen über ein Musikfestival der Arbeit einer Kriegskorrespondentin ziemlich nahe. Immer wenn ich ins Feld geschickt werde, versuche ich, mir das Leben etwas erträglicher zu machen, indem ich eine Vase mit schönen Schnittblumen in mein Hotelzimmer stelle (Zelt geht gar nicht). Es endet meistens damit, dass ich, anstatt inneren Frieden zu finden, mich mit der örtlichen Floristin anlege, weil es mir nicht gelungen ist, ihr zu erklären, dass große Mengen knallgelber und rosafarbener Gerbera, umgeben von Schleierkraut, nicht meine Definition von »etwas Einfachem, Geschmackvollem« ist. Und jedes Mal denke ich: Das wäre mir mit Thierry Boutemy nie passiert.

Thierry ist in Frankreich geboren, lebt jedoch in Brüssel, wo er als Florist arbeitet, und er kreiert herzzerreißend schöne Arrangements, die auf unglaubliche Weise überschwänglich und minimalistisch zugleich sind. In einem ästhetischen Universum ist er das Kind der Liebe, das Vita Sackville-West und Constance Spry nie bekommen haben.

Thierry liebt Pflanzen in allen Lebensstadien: entlaubt, knospend, voll erblüht, welk und vertrocknend. Aber wenn man ihn mit tausend Nadeln stechen würde, dann würde er zugeben, dass es eine Blume gibt, die er hasst: die Schmetterlingsorchidee. Nicht wegen der Pflanze an sich (er liebt, wie gesagt, alle Blumen), sondern für das, was sie geworden ist, wofür sie steht: Eine Blume, die verwendet wird, um einen hohen Status zu signalisieren, weiter weg von der Natur kann man nicht sein.

Es ist genau diese Einstellung, die Thierry so besonders macht. Er arbeitet in der alleröbersten, luxuriösesten Schicht der Modewelt – gleichzeitig ist sein Ziel immer die größtmögliche Natürlichkeit. Und genau wie die Natur selbst, sind seine Sträuße dekadent und unschuldig zugleich. Vielleicht verstehen sich deshalb er und die Filmregisseurin Sofia Coppola so gut. Sie engagierte Thierry als Floristen für ihren Film *Marie Antoinette* und für ihre Hochzeit.

Auch wenn Thierry behauptet, als Florist keinen Regeln zu folgen, sondern dass das Wichtigste immer ist, die Pflanze zu beobachten, gibt es ein paar konkrete Tricks, die man von ihm übernehmen kann. Zum Beispiel, dass man streng mit den Blättern sein muss. Thierry entfernt nicht nur die Blätter, die in der Vase unter Wasser waren (sie faulen und machen das Wasser modrig, was die Blumen schneller welken lässt), er entfernt die Blätter vom ganzen Stiel. So werden die Blumen nicht im Grün erstickt, sondern in all ihrer nackten Schönheit gesehen.

Thierry sagt, er sei kein Fan des Zen-Buddhismus, seine Philosophie sei noch einfacher: Suche die Schönheit vor Ort. Sieh das Attraktive direkt vor deiner Tür. Zeige Achtung und Respekt für das, was du im Überfluss besitzt – Hasenohren und Frauenmantel, Schafgarbe und Rainfarn oder Moos, Farn und Zweige –, statt nach dem Künstlichen und Exotischen zu streben.

Da Thierry in Benelux wohnt, weiß er auch, dass Blumenanbau ein schmutziges Geschäft ist, in dem große Mengen von Giften versprüht werden. Statt viele Blumen zu verwenden, versucht er, Arrangements mit so wenigen Blumen wie möglich zu kreieren. Ein paar Kräuter und einige perfekt schiefe Blumenstängel, mehr braucht es nicht, um einfache Poesie zu schaffen. Manchmal werden ihm Sträuße von den Kunden zurückgeschickt, mit einem Zettel, dass etwas schief gelaufen sei und der Strauß offenbar geliefert wurde, ehe er fertig war. Und als der Floristenbuddha, der er ist, lacht er dann immer ganz ruhig, er freut sich, dass er wieder einmal jemanden in der Kunst unterweisen kann, die Schönheit im Allereinfachsten zu sehen.

Einen Strauß wie Thierry binden

Menschen wie Constance Spry und Thierry geben mir das Gefühl, dass Floristin doch ein ziemlich cooler Beruf sein könnte. Deshalb fragte ich Thierry, was man machen muss, um etwas seriöser in der Florikultur zu werden. Dies sind seine Tipps:

»Wenn du einen Strauß binden willst, beginne mit einem Waldspaziergang. Besonders im Herbst, wenn die Blätter sich verfärben und die Natur quasi aus sich selbst heraus leuchtet. Lass dich inspirieren, indem du die Bewegungen, die Schatten beobachtest, die Poesie, die darin liegt, wie verschiedene Arten zusammen wachsen oder weit voneinander entfernt.

Wenn ich einen Strauß zusammenstelle, dann möchte ich, dass er sich wie eine Handvoll Natur anfühlt, aus einer spezifischen Landschaft, einer bestimmten Szenerie: Je ehrlicher und schlichter er ist, desto schöner wird er. Und, ganz wichtig, man darf das alles nicht zu ernst nehmen – lass dich von deinen Instinkten durch den kreativen Prozess führen.«

Praktische Ratschläge

Thierry ist Poet, aber es gibt auch eine praktische Realität beim Blumenpflücken. Beim Blumenpflücken gelten die gleichen Regeln des Benehmens und des Anstands wie beim Beeren- oder Pilzesammeln. Wenn man auf eine Pflanze stößt, die man nicht kennt, muss man sich vergewissern, dass sie nicht geschützt ist. Bäume und Zweige sind nicht Teil des »Jedermannsrechts« – man muss den Besitzer fragen, wenn man Äste, Zweige oder Blaubeergrün schneiden will. Außerdem gibt es noch ein paar andere praktische Dinge für den Ausflug in die Natur:

- eine scharfe Gartenschere (Gartenscheren müssen ab und zu geschärft werden, oft kann man sie beim Schuhmacher abgeben.)
- ein kleines, scharfes Messer
- eine normale Schere
- für den wirklich ernsthaften Blumensammler gibt es Rindenrucksäcke und spezielle Blechdosen mit Schulterriemen. Für uns andere genügt ein ganz normaler Korb. Mit dem Korb kann man so tun, als sei man Jane Birkin, und im Unterschied zu Papiertüten fliegt er nicht weg, wenn man ihn abstellt.

Vanessa Bell

(1879–1961)
Verführung und Verfall

Zu Beginn des 20. Jahrhunderts verließ die Künstlerin Vanessa Bell London und zog aufs Land. Sie lebte im Charleston Farmhouse, zusammen mit ihrem besten Freund Duncan, in den sie verliebt war, seinem Freund David und zeitweise all deren Freunden. Eigentlich hatten sie keine große Wahl. Duncan weigerte sich, im Ersten Weltkrieg zu kämpfen, und wurde deshalb zum Landwirtschaftsdienst abkommandiert. Charleston Farmhouse war nur ein Mietshaus, das zu einem größeren Bauernhof gehörte, aber das hinderte Vanessa nicht daran, sich sowohl das Haus als auch den dazugehörigen Garten anzueignen. Der Ort, den sie schuf, wurde zu einer Freistatt für Künstler und Queers – ein Paradies für Maler und Schriftsteller, die weite Kleider, dekadente Blumen und alte (nach damaligen Maßstab) Autos liebten.

Am Haus gab es bereits, was der große Traum vieler Gärtner ist, einen von einer Mauer eingefassten Garten mit knorrigen Apfelbäumen und Großmutterblumen. Das alte Tor zum sonnenwarmen Garten quietschte beim Öffnen, aber Vanessas Ziel war nicht Produktivität oder Essbarkeit (ihre Tochter sagte, das Einzige, was Vanessa auf eine einsame Insel mitnehmen würde, sei ein Gemälde des Malers Giotto und unbegrenzte Mengen schwarzen Kaffees). Der alte Apfelgarten war zugewachsen, genau wie Vanessa ihn haben wollte. Im Spätsommer war der Boden bedeckt von süß duftenden, faulenden Äpfeln, die langsam von roter Zaunrübe und Aronstab, dessen Beeren so exotisch wie giftig waren, überwachsen wurden. An die Mauer waren antike Mühlsteine gelehnt, überall lagen Töpfe mit verblühten Blumenzwiebeln, mancherorts gab es Berge mit kleinen Stücken von gefärbtem Glas für Mosaike, die Vanessas schmutzige, aber glückliche Kinder sich ständig in den Mund stecken wollten.

Einer von Vanessas Lieblingsbäumen war eine große Weide mit silbrigen Blättern – sie mochte den alten Riesen besonders gern, weil sie fand, dass Grün eine allzu allgemeingültige Farbe für Bäume war. Vanessa mied das Konventionelle. Sie liebte eine wohldurchdachte Ästhetik, verabscheute jedoch das Ganz-und-Sauber-Denken. Sie trug luxuriöse, von Motten zerfressene Mäntel aus einer anderen Zeit und fuhr ein uraltes Cab mit verbeulten Kotflügeln. Sie selbst beschrieb ihren Garten als »a dithering blaze«, einen blendenden Ort voller Blumen, Schmetterlinge und junger Menschen, die Sonne schlürften und laut über die eigenen Scherze lachten. Unter der alten Weide wurde auch ein Teich angelegt. Am Abend, wenn Pferde und Kühe getrunken hatten, spiegelte sich der Silberbaum in der Wasseroberfläche, Seit' an Seit' mit dem Mond tief unten am Grund.

Der Garten, den Vanessa schuf, war ihre Muse. Sie konnte stundenlang dort sitzen und malen, wie verschluckt vom Grün. Man konnte sie nur finden, indem man dem starken Geruch vom Lösungsmittel in den Farben folgte. Nichts war davor sicher, von ihr be- oder abgemalt zu werden. Noch heute wird eine Replik von einem Service aus Charleston verkauft, mit einer Tasse, auf deren Grund Vanessa eine kindliche Primel gemalt hat, damit die Blume als Überraschung auftauchte, wenn man den Kaffee ausgetrunken hatte.

Aber Charleston war nicht nur überfüllt mit Krimskrams. Der Garten war nicht nur ein romantischer Tagtraum. Diese Vorstellung würde die Kraft der Schönheit unterschätzen. Der Ort war in allerhöchstem Grad politisch – Vanessas pazifistischer Protest gegen die Industrialisierung. Sie sah, wie die Menschen um sie herum, die geschickte Handwerker gewesen waren, sich in austauschbare und schnell verschlissene Roboter aus Fleisch und Blut verwandelten. Jedes handgearbeitete Detail, jedes neue Gartenprojekt, war ein Versuch, einen Menschen aus den unersättlichen Mäulern der Fabrik zu stehlen.

Heutzutage ist der Garten um Charleston Farmhouse einer der meistbesuchten Gärten der Welt. Der jetzige Gärtnermeister, Mark Divall, beschreibt auf besonderes schöne

Weise, welche Wirkung er hat: »Manchmal bin ich mir nicht sicher, ob ich außerhalb des Gartens überhaupt existiere.«

Immer wieder Weiden

Einer von Vanessas Lieblingsbäumen war die Weide. Sie ist die Nummer eins der Nutzbäume für Tiere. Einmal, als ich auf einer steinigen Landzunge einen Garten anlegen wollte, machte ich im Frühjahr einen Spaziergang am Wasser entlang. Es war sonnig, aber die Luft war noch kalt, der Strand und das Meer waren verlassen – bis auf einen Helikopter, den ich deutlich hörte, aber nicht ausmachen konnte. Dann sah ich plötzlich eine blühende Weide, die weit draußen auf der Landzunge stand und brummte. Es war, als bestünde die ganze Krone aus hungrigen Bienen, Hummeln und anderen gerade erwachten Fluginsekten. Seither liebe ich Weiden, und jedes Mal, wenn ich mit anderen Weidenliebhabern spreche, entdecke ich neue Vorteile:

- Die Weide blüht am kahlen Ast, fast als Erste im Frühjahr. Der Baum produziert Pollen und Nektar, bevor die meisten Pflanzen auf der Erde blühen, er ist also lebenswichtig für die Insekten. So sind sie – die Natur ist eben grausam – auch der beste Drivethrough für die ausgehungerten Zugvögel.
- Zweige kann man als Osterschmuck mit Weidekätzchen verwenden und für Weideflöten – das ist das kleine Musikinstrument, das man als Kind behauptete, schnitzen zu wollen, nur damit man ein Messer in die Hand bekam.
- Die Rinde enthält Salicylate. Weise Frauen haben früher einen Sud aus Weidenrinde so verwendet wie wir heute Kopfschmerztabletten. Leute, die mit Leder arbeiten, kochen Gerbsäure aus der Rinde.

🌿 Die jungen, weichen Zweige der Weide wachsen sehr schnell und lassen sich zu Pflanzenstützen, Körben, kleinen grünenden Hütten und was auch immer flechten.

🌿 Ich verwende die Weide als phänologischen Wecker: wenn sie im Frühjahr zu blühen beginnt, weiß ich, dass ich mit dem Garten anfangen muss.

🌿 Im Herbst bleiben die Blätter lange am Baum und färben sich sehr schön – nicht grell wie Ahorn und die anderen Superstars, sondern sanft gelbgrün.

🌿 Je monokultureller die Landwirtschaft, desto wichtiger sind private Gärten für die biologische Vielfalt. Wenn wir alle eine männliche* Weide pflanzen, wäre für Insekten und Vögel schon viel gewonnen.

🌿 Auch eine alte oder tote Weide ist noch nützlich: In ihr siedeln sich seltene Pilze und Moose an, Insekten ernähren sich vom weichen Holz, Spechte hacken Löcher in den Stamm. Haben Sie das Glück, eine alte oder sterbende Weide zu besitzen? Lassen Sie sie stehen! Finden Sie, das sieht unordentlich aus? Lassen Sie eine blühende Kletterpflanze an dem alten Stamm emporwachsen.

🌿 Sprechen Sie mit dem Bauern in der Nachbarschaft über Weiden! Viele Bauern und Waldbesitzer hassen Weiden und holzen sie gnadenlos ab. Erzählen Sie ihnen, dass die Weide besonders wichtig ist, wenn man auf ökologische Gratis-Dienste angewiesen ist – Bienen, die eine Apfelplantage bestäuben, zum Beispiel. Je mehr Weiden, desto mehr Insekten und

---

* Weiden sind zweihäusig, das bedeutet, weibliche und männliche Blüten wachsen auf verschiedenen Bäumen. Weiden mit männlichen Blüten sind besonders gut, wenn man Pollen- und Nektarliebhaber bezirzen will.

desto größer die Apfelernte. Im Wald kann die Weide ein Zeichen dafür sein, dass es viel jagdbares Wild gibt. Und die Weide scheint auch gegen Wildschäden an Kiefern zu schützen. Alle Tiere vom Elch über Rehe und Hasen und Bieber scheinen Weide zu bevorzugen.

❀ Der wissenschaftliche Name der Sal-Weide, *Salixcaprea*, bedeutet wörtlich Ziegenweide, Ziegen bekommen im Winter Weidenblätter ins Heu gemischt.

Buchtipps

❀ Vita Sackville-West: *Meine Lieblingsblumen*. 2006.

❀ Vita Sackville-West und Harold Nicolson: *Sissinghurst. Portrait eines Gartens*. 2017.

❀ Astrid Ludwig: *Einmal gärtnern wie in Sissinghurst. Ein Blick hinter die Kulissen der berühmten englischen Gartenlegende*. 2016.

Unsterbliches Design

Gartenarchäologe muss ein sehr undankbarer Beruf sein. Als ob man rein physisch die Nadel im Heuhaufen finden will. Jeder, der schon mal Unkraut gejätet hat – oder es nicht getan hat – weiß, dass ein Garten in einem einzigen Sommer zuwuchern kann. Welche Gärten für die Nachwelt bewahrt werden, das entscheiden Klasse und Kolonialismus: gewisse Teile der Welt werden als landwirtschaftlich wertvoll angesehen, andere als kulturhistorisch wertvoll. Deshalb ist die Auswahl oft schief. Es sind vor allem die Gärten toter, weißer, reicher Männer, die für die Nachwelt bewahrt werden, nicht jedoch die indischer oder afrikanischer Bauern. Aber es gibt einige weibliche Ausnahmen, wie die britische Künstlerin und Gartendesignerin Gertrude Jekyll (1843–1932), einer der größten Stars in der Arts-and-Crafts-Bewegung[*]. Es gibt große Ähnlichkeiten zwischen Gertrudes Gärten und denen, die von dem britischen Gärtnermeister Christopher Lloyd (1921–2006) geschaffen wurden. Christopher wurde ein paar Generationen nach Gertrude geboren und war sogar genetisch ein Nachfahre des Stils: Sein Vater gehörte auch der Arts-and-Crafts-Bewegung an.

Gertrude war ursprünglich Künstlerin, genau wie einige andere Gartenarchitektinnen. Zum Beispiel Karin Larsson

---

[*] Kein Stress, wenn Sie nicht wissen, was Arts and Crafts ist, wir kommen auf Seite 47 ausführlich darauf zurück.

(1859–1928), die ihr Haus, Lilla Hyttnäs, in ein Gesamt-kunstwerk verwandelte. Andere waren hauptsächlich Architekten. Wie die schwedische Gartenarchitektin Ester Claesson (1884–1931). Beide lebten zur gleichen Zeit wie Gertrude Jekyll und waren ebenfalls Arts-and-Crafts-Stars. In Schweden folgte ihnen die Gartenarchitektin Ulla Molin (1909–1997), deren grüner Überfluss poetisch bis an die Grenze zu zen-buddhistisch war.

Und heute gibt es die Gartendesignerin und Pflanzenfrau Heidi Palmgren (geb. 1943), die die stolze Designtradition wiederbelebt.

Der Begriff *Fideikommiss* – der bedeutet, dass der ganze Besitz an den ältesten Sohn vererbt wird – kann auch dazu beigetragen haben, weibliche Designer hervorzubringen. Adelige Frauen besaßen weder Haus noch Grund, wenn sie nicht heirateten, und nach der Heirat war der Boden nahe am Haus, Blumen und Schmuck ihre Domäne. Prinzessin Jeanne Ghyka (1864–1954) war eine von jenen, die heiraten mussten. Aber als sie sich weigerte, das Spiel der Scheinehe mitzuspielen, wurde sie aus ihrem Heim und ihrem Heimatland verwiesen und verbarrikadierte sich (wenn auch nur symbolisch) in einem alten Kloster.

Die weiblichen Superstars sind trotz allem die Ausnahme. Der Künstler Claude Monet (1840–1926) lebte zur gleichen Zeit wie Gertrude in Großbritannien und Ester in Schweden, er war der Meister des französischen Arts-and-Crafts-Gartens. Der britische Landschaftsarchitekt Capability Brown (ca. 1715/16–1783) war der Vorgänger von allen, und noch früher lebte der japanische Mönch Musō Soseki (1275–1351).

Man wird leicht zu Dan Brown, wenn man sich ein wenig mit Geschichte befasst, aber ich kann nichts dafür, ich sehe Spuren von Musō in den Gärten von Ulla Molin, über sechshundert Jahre später. Es ist tröstlich zu wissen, dass heute noch ein Schatten dieser Frauen und Männer – die Bewegungen ihrer Hände und der Schweiß ihrer Angesichter – über unseren Landschaften ruht, sichtbar nur für den, der weiß, wonach er sucht.

Gertrude Jekyll

(1843–1932)

Ms Jekyll im Wunderland

Antoine Bouchayer-Mallets Großeltern hatten ein klares Ziel, als sie das Haus und den Garten Bois des Moutiers in der Normandie planten: »*Le re-enchantement du monde.*« Die Wieder-Verzauberung der Welt. Das erzählt mir Antoine, als wir im Musikzimmer stehen und die Fensterhaken betrachten, die der Architekt Edwin Lutyens für sie entworfen hat, zu Beginn des letzten Jahrhunderts. Antoine zeigt in den Garten hinaus, den Gertrude Jekyll zur gleichen Zeit anlegen ließ, als das Haus gebaut wurde. »Dort, ganz rechts«, sagt Antoine, »ist ein Eibenkreis. Er dient zum Einfangen und Studieren von Elfen.« Als wir in Gertrudes Garten sind, sehe ich, dass sie da nicht etwas Nettes, in Form Geschnittenes gepflanzt hat. Die Eiben sind fast so hoch wie das Haus.

Damals, im Jahr 1900, als Gertrude das tiefe Tal in einen intimen *cottage garden* verwandelte, war sie siebenundfünfzig Jahre alt. Sie hatte mit Anfang vierzig mit der Landschaftsarchitektur begonnen und besaß eine gediegene Ausbildung: Sie hatte Kunst und Anatomie studiert, hatte einen Hang zur Wissenschaft und konnte schreinern.

Als sie und Edwin Lutyens sich zum ersten Mal trafen, war er erst zwanzig. Aber zusammen wurden die viktorianische Dame und der junge Mann mit der Pfeife ein Designer-Superheldenpaar. Sie empfahl ihn bei Kunden, als er noch keine hatte, und er revanchierte sich später dafür, indem er sie mitnahm, wenn er Häuser entwarf und die reichen Leute den Garten vergessen hatten. Um die Herrenhäuser malte Gertrude revolutionierende Pflanzungen: Ausdauernde Stauden von rosa bis kraftvoll und wieder zurück. Ihr Stil war Farbenlehre und Botanik. Ebenso wie es ihr gelungen war, sich von den strikten viktorianischen Vorstellungen zu befreien, waren ihre Gärten eher überbordend als züchtig. Und weil sie schon mal dabei war, erfand sie gleich noch etwas Neues: das Staudenbeet.

Gertrude Jekyll war eine Zeitgenossin von *Alice im Wunderland*. Und das merkt man. Im Bois des Moutiers gibt es keinen geraden Weg. Wenn man einen Weg betritt, weiß man nie, wo man landet. Wagt man es dennoch, führt er einen über schmale Bäche und vorbei an stacheligem Riesenrhabarber (*Gunnera*, auch Mammutblatt genannt, um genau zu sein). Man stolpert bis zum Rand einer Schlucht voller Bewuchs, schaut hoch und sieht eine enorme blühende Magnolie, die damit beschäftigt ist, große weiße Papierschleifen an den langen Zweigen einer silbergrauen Edeltanne zu befestigen. Und der Elfenkreis ist bei weitem nicht der einzige exotische Einschlag, den Gertrude eingestreut hat. Sowohl der Goldene Schnitt als auch die sogenannte *sacred geometry* tauchen überall auf, ebenso wie die Ziffer sieben. Und vor dem Haus, wo man einen kleinen impressionistischen Blick aufs Meer erhaschen kann, gibt es eine grüne Terrasse, auf der die Großeltern Mallet zu meditieren pflegten.

Gertrudes Arbeit war ein Teil der Arts-and-Crafts-Bewegung, die gegen die Industrialisierung revoltierte. Die Massenherstellung machte die Häuser hässlich, und wenn aus Handwerkern Fabrikarbeiter wurden, gingen die Fertigkeiten und Kenntnisse von Generationen verloren. Als Gertrude ihre Gärten anlegte, war die Industrialisierung noch ganz am Anfang. Jetzt, mehr als einhundert Jahre später, lebt Bois des Moutiers weiter, als Beweis für das, was wir erreichen können, wenn wir groß träumen und etwas wagen. Und den besten Handwerkern und Landschaftsarchitekten der Welt vertrauen.

Was ist Arts-and-Crafts?

Um die letzte Jahrhundertwende war die Industrialisierung im Begriff, Europa zu übernehmen. Fließbänder ersetzten das Handwerk, die Leute verließen ihre Dörfer und Gemüsegärten für roboterartige Arbeiten in der Stadt. Die weißen Schmetterlinge in der Stadt wurden schwarz, Erwachsene wie Kinder wurden auf brutale und besinnungslose Art und Weise in den Maschinerien der Fabriken verschlissen. Aber inmitten all des Elends gab es eine Gruppe, die leisen Widerstand leistete: die Arts-and-Crafts-Bewegung, die die Welt mit handgemachten, humanistischen, schönen Lösungen verbessern wollte.

Es war eine internationale Bewegung. Außer Gertrude, Vanessa Bell und Vita Sackville-West gab es auch schwedische Mitglieder wie Emma Lundberg, Ester Claesson und, natürlich, Karin Larsson. Karin schuf nicht nur die Vorlagen der gepriesenen Bilder ihres Mannes Carl, sie war auch eine frühe Tomatengärtnerin (was bestimmt nötig war, denn sie war eine von Schwedens ersten Pizzabäckerinnen).

Die Arts-and-Crafts-Bewegung verabscheute das Künstliche und liebte das Natürliche. Klingt das bekannt? Auch wir sehnen uns heute nach dem Kater der Industrialisierung zurück zur Natur, aber die Anhänger der Arts-and-Crafts-Bewegung mussten auch noch gegen die mächtigen Viktorianer und deren überladenen, dunklen, schweren, gezüchtigten Stil revoltieren. Man stelle sich einen stramm geharkten Schlosspark vor, mit Urnen und exotischen Pflanzen, die ständig umsorgt werden müssen. Das Rezept der Rebellen für viktorianisches Detox waren ausdauernde, einheimische, bescheidene Pflanzen in großen Mengen. Man ließ innen und außen verschmelzen und gestattete die natürliche Freiheitlichkeit der Natur. Das führte auch zu der Entwicklung dessen, was man auf Englisch *perennial borders* oder Staudenbeete nennt: große Beete, voll mit Pflanzen, die im Herbst nicht sterben, sondern jedes Jahr wiederkommen.

Was also ist geschehen? Warum sind wir keine polygamen, pizzaliebenden Pazifisten mehr, die Tomaten und antike Kletterrosen ziehen? Ich persönlich schiebe es auf die Weltkriege. Die harten Zeiten machten die Suche nach Schönheit zu einer eitlen Beschäftigung für die Oberschicht. Wir sind erst jetzt wieder an dem Punkt, wo uns die Ideale der Arts-and-Crafts-Bewegung relevant erscheinen. Nicht nur relevant: erreichbar, unausweichlich. Ziemlich gut, nicht wahr?

Staudenbeete

Wollen Sie ein Teil der Arts-and-Crafts-Bewegung werden? Das ist ganz einfach. Beginnen Sie damit, ein ausdauerndes, mehrjähriges Beet anzulegen. Hier sind einige Dinge, die es dabei zu bedenken gibt:

- Staudenbeete sind ein bisschen wie Tätowierungen: je größer, desto besser. Machen Sie das Beet so lang, wie es geht, und möglichst nicht schmaler als 1,5 Meter. Dann macht es Eindruck, und die Pflanzen können sich ausbreiten.

  Die Außenkanten muss man irgendwie begrenzen.

Der Klassiker sind breite Beete beiderseits des Weges zum Haus, an der Hauswand entlang oder an einer Mauer oder Hecke entlang.

≫ Der Wettbewerb für alle frischgebackenen Gärtner ist die Haltbarkeitsprobe: das Beet muss so lange wie möglich blühen, ohne Unterbrechung vom zeitigen Frühjahr bis in den Herbst. Die Pflanzen sollten auch hübsche Samenstände haben. So muss man im Herbst nicht aufräumen und Kleintiere und Vögel sind glücklich.

≫ Die Farben müssen stimmen. Gertrude Jekyll, eine Künstlerin, nahm die Farbenlehre zu Hilfe und arbeitete mit einem Farbenkreis, der die Komplementärfarben zeigt.

≫ Pflanzen zu empfehlen, ist schwierig. Am schönsten sind die, die sich am jeweiligen Ort wohlfühlen. Ein paar wenige Beispiele: Frühjahrsblüher wie Anemonen und Primeln und natürlich Tulpen und Osterglocken, deren welke Blätter von nachwachsendem Grün verborgen werden. Mädesüß in weiß oder rosa, und Schafgarbe in ähnlichen Farben. Eisenhut und Akelei, graublaue Edeldistel oder graugrüner Wermut. Und Schnittlauch, vergessen Sie bloß nicht den Schnittlauch! Auf den Herbst hin sind Ziergräser besonders gut, vor allem wenn der erste Frost die Quasten des Grases in Katzenschwanzpeitschen aus Kristall verwandelt. Einjährige Pflanzen, die sich selbst aussäen*, sind mehr als willkommen im Staudenbeet, besonders wenn das Beet neu angelegt ist

---

* Einjährige Pflanzen nennt man auch annuell, sie sterben, wenn sie verblüht sind. Aber es gibt Einjährige, die sich selbst aussäen, indem die Samen im Herbst auf die Erde fallen und im Frühjahr wachsen.

und die mehrjährigen Pflanzen es noch nicht aus-
füllen. Wie Mohn, den es in vielen Farben gibt und
dessen trockene Samenkapseln man morgens über
dem Müsli ausschütteln kann oder im Beet lassen als
hübsches Ornament und Vogelfutterbehälter.

✸ Und ja, nackte Erde ist verboten! Die Pflanzen müssen so dicht wachsen, dass man keine Erde sieht,
wenn sie die volle Größe erreicht haben.

Christopher Lloyd

(1921–2006)
In der Küche des Gärtners

Christopher Lloyd wuchs mit Mägden und Hausmädchen
auf dem Gut Great Dixter in England auf. Der Gemüsegarten der Familie machte einen ganzen Haushalt von
neun Personen (inklusive der Angestellten) satt, auf dem
Gut gab es außerdem einen wütenden Koch und einen
Kohleherd (daher der wütende Koch, er litt an chronischem
Hitzschlag). Es gab auch Kakerlaken, die mit Hilfe von DDT
beseitigt wurden.

Mit der Zeit verschwanden die Angestellten, die Insekten und DDT, und ziemlich bald war Christopher allein auf
dem Gut. Er hatte bereits eine hortikulturelle Ausbildung,
sah jedoch schnell ein, dass man nicht allein von schönen
Blumen leben kann. Also beschloss er zu lernen, wie man
kocht.

Den Gemüsegarten auf Dixter gab es noch, Christopher
bereitete also zu, was er angebaut hatte und schrieb später
ein wunderbares Buch über dieses Abenteuer: *Gardener Cook*.

Kleine Unterbrechung: Christopher ist nicht für den Gemüsegarten oder das Kochen berühmt. Wenn Sie schon ein Fan von ihm sind, dann vermutlich, weil Ihnen sein Stilgefühl imponiert oder seine *Cottage Gardens* – englische Bauerngärten, die in der Art, wie Christopher sie anlegt, genauso gut zu einem Schloss passen.

Für mich aber bleibt Christopher Gemüsegärtner und Koch. Nicht weil er darin glänzte – das tat er –, sondern weil der Gemüsegarten sein leidenschaftliches Hobby war (Identifikation!).

Ich könnte mich ewig in der antiken Welt aufhalten, die Christopher ausmalte. Er stand in seiner uralten Küche, mit seinem Kühlschrank aus den vierziger Jahren und seinen beiden Hunden, die mit Begeisterung den Teig fraßen, den er zum Aufgehen neben den offenen Kamin gestellt hatte. In dieser Dienstbotenküche bereitete er gedämpften Pudding zu und Brombeer-Fools – Gerichte, die nach verschwundenen Zeiten und prunkvollen Gemüsegärten schmecken. Er verwendet Ausdrücke wie »*the best part of an hour*« für etwas, das länger als dreißig, aber weniger als sechzig Minuten braucht. Oder »*torn asunder*« über den Maulbeerbaum, der in einem Sturm gespalten wurde. Der Maulbeerbaum, notierte er, hat die phantastische Fähigkeit, hübsch alt auszusehen, und das bereits im jugendlichen Alter von achtzig Jahren.

Er entlarvte auch Schummeleien mit Lebensmitteln: dass Petersilie, die lose nach Gewicht verkauft wird, oft so gezüchtet wird, dass sie dicke schwere Stängel entwickelt, und nicht für den Geschmack der leichten Blätter. Und dass die Pflaume »Victoria« dank ihrer reichen Ernten der Traum eines jeden kommerziellen Gärtners ist, nicht jedoch für Hobbygärtner.

Besonders liebevoll schreibt Christopher über den Rhabarber. Viele seiner Freunde hassten Rhabarber genau wie

Spinat, weil sie ihn als Kinder essen mussten. Unter den jüngeren Freunden wurde er weniger abgelehnt, und Christopher vermutete, dass die Zwangsernährung nachgelassen hatte. Er schließt mit der Bemerkung, auf seine wunderbar unterhaltende Art und Weise, dass »man in unserer Zivilisation hin und wieder auch kleine Fortschritte konstatieren kann«.

Christophers Mispelgelee

»Es gibt wohl kaum einen entzückenderen kleinen Baum als die echte Mispel, *Mespilus germanica*«, schreibt Christopher Lloyd in seinem Buch. Aber im Unterschied zu allen anderen Mispelgärtnern gibt Christopher den Rat, die Früchte zu pflücken, bevor sie ganz reif sind. Normalerweise lässt man sie im Haus nachreifen (mehr darüber und über den Anbau von Mispeln auf Seite 156). Erst wenn die Früchte überreif, beinahe verdorben sind, isst man sie roh. Mit einem Teelöffel direkt aus der Schale, wie einen Seeigel. »Vergessen Sie das«, schreibt Christopher, »sofern Sie sich nicht als Connaisseur ausweisen wollen. Man könnte Sie auch mit einem Poseur verwechseln.« Er empfiehlt stattdessen das folgende Gelee aus fast reifen Mispelfrüchten. Dies ist eine redigierte Version aus seinem Buch *Gardener Cook*.

»Schneiden Sie die Früchte in vier Teile und kochen Sie sie in so viel Wasser, dass sie gerade bedeckt sind. Lassen Sie den Saft über Nacht durch ein Tuch laufen. Passiertücher haben die Angewohnheit, umgedrehten Zipfelmützen zu ähneln. Meines besteht aus einem dicken Filz, heute sind sie oft aus Nylon. Brühen Sie das Tuch ab, indem sie kochendes Wasser durchschütten, dann läuft der Fruchtsaft leichter durch. Befestigen Sie die vier Ecken des Tuchs über einer Schüssel, damit der Saft heruntertropfen kann. Wir haben ein spezielles Heath-Robinson-Gerät, das den Job erledigt. Andere nehmen einen umgedrehten Hocker mit vier Beinen.

Messen Sie den Fruchtsaft ab. Für 60 ml Fruchtsaft braucht man 500 Gramm Zucker (der vorher im Ofen angewärmt wird*). Wenn der Fruchtsaft nach dem Abseihen nicht dick und zäh ist, muss er zunächst aufgekocht und reduziert werden, bevor man den Zucker hinzufügt. Wenn der Zucker hinzugefügt ist, sollte das Gelee höchstens zwanzig Minuten kochen, danach wird es dunkel und schmeckt mehr nach Karamell als nach Mispel. Füllen Sie es in kleine Gläser (die im Ofen vorgewärmt wurden), damit der ganze Inhalt bei einer Mahlzeit verwendet wird, und verschließen Sie die Gläser luftdicht.«

Karin Larsson

(1859–1928)
Die Stilikone auf Sundborn

Es ist ein Tag Anfang Juli, Ende des 19. Jahrhunderts, und Sie sind bei Larssons zum Mittagessen eingeladen. Hinter dem Haus unter der großen Birke sitzt Carl mit ein paar Kindern und einem Hund. Karin kommt in ihrem lose hän-

---

* Christopher wärmt den Zucker immer vor, wenn er Marmelade kocht. Ich habe seine Methode nicht im Rezept gefunden, aber Nigella Lawson macht es so: Den Ofen auf 180 Grad vorheizen, den Zucker in einer feuerfesten Form hineinstellen, 20–25 Minuten lang. Der Zucker ist jetzt richtig heiß, nehmen Sie ihn *vorsichtig* heraus und mischen Sie ihn unter den Fruchtsaft.

genden Reformkleid, gibt Ihnen einen Kuss auf den Mund, weitere Hunde und Kinder drängeln sich um ihre Beine. Der Wind ist warm, die Vorspeise besteht aus einem einfachen Salat: ein paar grüne Blätter auf einem selbstbemalten Teller. Karin streut frischen Kerbel darüber und schneidet ein paar Tomaten auf, die sie in die Suppe wirft.

Um zu verstehen, warum das als so unglaublich widerlich angesehen wurde, müssen wir uns daran erinnern, dass neun von zehn schwedischen Mahlzeiten aus lauwarmem Wasser und verkochten Erbsen bestanden. Und genau wie körperlich hart arbeitende Männer auch heute noch, hatten die alten Schweden für Salat nur Verachtung übrig. Die Tomate (ein Nachtschattengewächs, das Linné als schmutzig bezeichnete) wurde als giftig angesehen. Aber Karin hatte in einer Künstlerkolonie in Frankreich kochen gelernt, sie liebte es zu experimentieren und hatte keine Angst vor Nachtschatten. Und sie war so unendlich viel mehr als ein niedlicher Blickfang auf Carl Larssons Gemälden: eine progressive Textilkünstlerin und eine revolutionierende Gemüsegärtnerin. Damals, in den 1890er Jahren auf Lilla Hyttnäs in Sundborn, hat sie vielleicht als eine der Ersten in Schweden Tomaten gezogen.

Sundborn liegt in Dalarna, das Klima dort ist hart – auf langen Frost folgen Überschwemmungen. Aber am ehemaligen Sommerhaus der Larssons schlug Karin dem Klima ein Schnippchen. In Frühbeeten zog sie Salat und Radieschen. Den ersten Spinat erntete sie im Juni, auch die Blumen wuchsen in erhöhten Beeten an der Hauswand. Sie baute Kohl, Zwiebeln und Bohnen an wie alle anderen, aber auch Spargel und Knoblauch zum Spicken des Lamms. Als frühe Vorgängerin des Musikstils Grunge scherte sie sich nicht um Laufmaschen und Löcher in ihrer textilen Kunst, und auch der Garten überschritt Grenzen: Giftiger Oleander und blaue Schmucklilien wuchsen zwischen unprätentiösen gelben Bauernrosen, sie pflegte einen punkigen DIY-Stil, auch sie war eine Mitstreiterin der Arts-and-Crafts-Bewegung. In einem Jahr machte sie achtzehn Liter Ackererbsen ein, sie fermentierte Wacholderbeeren, schreinerte Pflanzleitern und stickte modernistisch. Und daneben bekam sie ein Kind nach dem anderen. Die Frau war wirklich ein Opossum.

Es ist nicht ganz einfach, sich zu ihrem Gesamtkunstwerk zu verhalten. Einerseits gibt es das Bedauern, dass sie keine »richtige« Künstlerin (lies: Malerin) werden durfte. Stattdessen musste sie im Garten zupfen und graben. Andererseits ist es schrecklich, dass man es so sieht: Nur die Kunstformen, auf die Männer ein Monopol haben, werden als »richtige« Kunst angesehen, die Dinge, denen Millionen von Frauen ihr Leben gewidmet haben und noch widmen, die sind banal.

Karin selbst hätte sich in dieser Ambivalenz nicht wiedererkannt. Sie lebte ihren Traum. Sie bekam tausend Kinder (okay, acht). Sie war den ganzen Tag schöpferisch tätig, im Garten und im Haus, während Carl eine veritable Werbeagentur für ihre Kunst war. Wenn er auf Reisen war, am Comer See in Italien, schrieb Karin dramatische Briefe, wie sehr sie ihn vermisste, wie die schwarze Nacht todlangweilig ohne ihn war. Dann erinnerte sie ihn daran, dass er Sauerampfersamen für den Garten mitbringen soll.

Hochbeete

Karin Larsson gärtnerte in der Landesmitte, aber sie hatte exotische Gewohnheiten und suchte entsprechendes Gemüse und Blumen. Ein Trick, die Kälte zu überlisten, war das Gärtnern in erhöhten Beeten. Ihre Methode ähnelt dem, was man heute Hochbeete nennt und was *all the rage* unter Gemüsegärtnern ist. Karin war eben eine Pionierin und ging noch einen Schritt weiter: Sowohl ihre Blumenbeete als auch ihr Gemüsegarten war erhöht.

Ein erhöhtes Beet ist genau das, was der Name sagt: Statt nach unten in die Erde hinein zu graben, baut man in die Höhe. Dadurch erwärmt sich das Beet im Frühjahr schneller, und das Regenwasser, das die Wurzeln der Pflanzen abkühlt, läuft besser ab. Außerdem muss man sich nicht so tief bücken (das klingt vielleicht lächerlich, aber mitten im Sommer kommt es auf jeden Zentimeter an).

Die allereinfachsten Beete, die Karin meistens hatte, baut man, indem man das Gemüsebeet umgräbt, dann tüchtig natürliche Düngung aufbringt und wieder fünfzehn bis zwanzig Zentimeter Erde. So entstehen Beete als sanft abfallende Hügel zwischen den Gartenwegen. Wenn Erde auf die Wege rutscht oder von starkem Regen weggespült wird, sollte man die Ränder befestigen. Da gibt es viele Möglichkeiten. Man kann fertige Holzrahmen (Palettenaufsatzrahmen) kaufen oder welche aus teurem schönen Cortenstahl. Aber es geht auch mit großen Steinen, die zudem die Sonnenwärme speichern. Ränder, die aus alten, langsam verrottenden Baumstämmen bestehen, verbessern durch ihre bloße Gegenwart die biologische Vielfalt. Ein Minizaun aus Reisig, das man zwischen Stöcke flicht, die in den Boden gehauen wurden, sieht unkonventionell und kunstgewerblich aus. Verrostetes Blech mit einem Rahmen aus Brettern sieht romantisch und roh zugleich aus, wie diese superfunktionalistischen kubanischen Stadtgärten. Das Einzige, was man als Kantenmaterial meiden sollte, sind Bretter, die imprägniert, mit nicht bekannter Farbe gestrichen oder mit einem Mittel behandelt wurden, das nicht in den Boden gelangen sollte. Eisenbahnschwellen, ansonsten mein Lieblingsmaterial, sind auch total verboten, weil sie mit dem schrecklichen Teeröl behandelt worden sein können.

Beete an einer windstillen, sonnigen Hauswand sind das Allerbeste. Aber man muss beachten, dass die Erde direkt am Haus keinen Regen abbekommt und deshalb oft knochentrocken ist. Wenn die Umrandung höher als die Erde ist, kann man, genau wie Karin, ein Frühbeet bauen, indem man im Frühjahr alte Fenster darüberlegt. Darunter kann man dann viel früher als im Freiland säen, wie in einem Gewächshaus.

Ester Claesson

(1884–1931)
Die Erste, die Größte

Mein Lieblingsfoto von Ester Claesson ist in Österreich entstanden, im Jahr 1905. Sie ist jung, nur etwas über zwanzig, sie sitzt auf einem hohen Hocker, mit hochgezogenen Knien, die Arme etwas defensiv über dem Bauch gekreuzt, wie jemand, der etwas Besseres zu tun hat, als für ein Bild zu posieren. Die eine Schulter lehnt sie kameradschaftlich an einen schnurrbartgeschmückten Kollegen, während ein zweiter schnurrbartgeschmückter Kollege hinter ihr hervorschaut. Sie ist von noch drei weiteren schnurrbartgeschmückten Kollegen und einem frisch rasierten umgeben. Ein unordentlicher Haufen junger Leute in einem unkonventionellen Büro.

Ester war nicht nur die einzige Frau in Joseph Maria Olbrichs österreichischem Architekturbüro, sie war auch die erste Gartenarchitektin in Schweden. Das war zu einer

Zeit, als Frauen sich nur schwer oder gar nicht als Gartenarchitekten ausbilden lassen konnten. Wer etwas mit Landschaft und Architektur machen wollte, musste große Ambitionen und starke Nerven haben, alles auf eine Karte setzen, ins Ausland gehen und dort studieren. So machte es Ester. Und es zahlte sich aus. Sie war ausgesprochen erfolgreich, nicht nur in Schweden und nicht nur in ihrer Branche. Sie äußerte sich in Zeitungen, und sie bekam Preise. Sie arbeitete mit den Mächtigsten des Landes und gestaltete Gärten für den Staatsminister Hjalmar Branting und den weltberühmten Mauritz Stiller.

Für Ester Claesson war das Verhältnis zwischen Haus und Garten, innen und außen, die Liebesgeschichte des Jahrhunderts. Sie konnte das eine nicht ohne das andere denken. Wie sie mir heute fehlt, wenn neugebaute Protzvillen in ihre Ausschachtungen gedrückt werden, von den Architekten verlassen. Esters Anweisungen waren unerbittlich: Eine Landschaft muss ausgehend von ihren Voraussetzungen angelegt werden. Regelmäßige, strenge Pläne passen nur zu Städten und Herrensitzen, für alle anderen gilt ein natürlicher Stil. Sie konnte steinhart und symmetrisch, aber auch romantisch und humorvoll sein. Sie entwarf den Park für das Gut Adelsnäs in Åtvidaberg mit einem renaissanceartigen, abgesenkten Garten, inspiriert von der Kaiserin Joséphine und dem Schloss Malmaison in der Nähe von Paris, dessen Blumenparterre die Initialen der Kaisern aus verschiedenen Rosen bildet (mehr darüber auf Seite 197).

Ester war Teil der Arts-and-Crafts-Bewegung, ihr Wille und ihre Fähigkeit, die Welt zu verbessern, sind noch heute zu spüren. Wo ich wohne, im alten Klaraviertel in Stockholm, herrscht essentieller Mangel an Grün. Die Gegend ist voller Bauzäune und ausgegrenzter Menschen. Zu Esters

Zeit waren die Häuser alt, aber die Bevölkerung war die gleiche. An einem eiskalten Morgen, als ich mir wie immer einen Weg aus dem Viertel suche, über Umwege und Seitenstraßen, lande ich plötzlich am Riddarhuset und dem Park, den Ester entworfen hat. Es ist eine grüne Oase in dieser Steinwüste, wo niedliche Hecken so beschnitten sind, dass sie aussehen wie Zuckerhüte und Schlosslabyrinthe *en miniature*. Da gibt es architektonische Gartenräume und romantische Beete, in denen manchmal bis zum ersten Schnee Rosen blühen. Und als ich da umhergehe, denke ich plötzlich, dass es vielleicht, möglicherweise die gleichen Rosen sind, die wir sehen – ich und die Klaraleute, die hier vor fast hundert Jahren wandelten, und dass die frostigen Blüten ein ebenso sanfter Balsam für ihre Sinne waren wie für meine.

Esters Rosentipps

Das Buch *Rosor på friland* (Rosen im Freiland) von 1925 ist Ester Claessons Taschenbibel über Rosen. Es ist dünn, enthält jedoch alles Wichtige: Ästhetik, Pflanzung, Pflege. Ester gibt auch Tipps für die besten Sorten, wie zum Beispiel die supersüße Bibernell-Rose *Rosa spinosissima*. Sie hat einen breiten Wuchs, kann mehrere Meter hoch werden und ein großes Dickicht bilden. Die Blüten können hellrosa oder gelblich sein, aber Esters Liebling ist die mit den einfachen weißen Blüten: für mich sind nicht die Blüten die USP der Bibernell-Rosen, sondern die Hagebutten, die manchmal kohlrabenschwarz sein können. Als ob die unschuldige zarte Blume den ganzen Sommer über ein dunkles Geheimnis mit sich herumgetragen hätte, ein Geheimnis, das erst enthüllt wird, wenn die Kronblätter fallen und die Nächte dunkel und feucht werden. Man kann einen sehr guten portweinfarbenen Schnaps aus den Hagebutten machen. Man legt die Hagebutten ungefähr eine Woche ganz in Wodka ein, dann siebt man ihn über eine Flasche. Der Schnaps muss nicht einmal gesüßt werden und wird durch das Lagern immer besser.

Ulla Molin

(1909–1997)
Die Blumenflüsterin

I st das nur mein Problem oder ist es sauschwierig, eine gute Vase zu finden? Es scheint noch schwieriger zu sein, wenn die Traumvase keine großartige Glaskunst ist, sondern etwas Einfaches. Bescheidene Glasvasen, die sich den Bedürfnissen der Blumen unterordnen wollen. Wenn man in den siebziger Jahren eine Vase kaufte, bekam man in Schweden eine Broschüre mit dem Titel *Vasen, die die Sprache der Blumen sprechen.*

Autorin war Ulla Molin, Gartenarchitektin und Journalistin, der Titel ist eigentlich auch eine Beschreibung ihrer Person. Ulla Molin wusste nämlich genau, wie man mit Pflanzen spricht. Ulla hatte etwas Altruistisches. Sogar als sie ihren eigenen Garten mit 2500 qm in Skåne anlegte, hatte sie die Phantasie, jeden einzelnen Gartenraum wie einen kleinen Hausgarten anzulegen, wie zu Hause bei jemandem, der nicht so viel Platz und Fingerspitzengefühl wie sie hatte.

Als Ulla klein war, wollte sie Architektin werden, aber ihre Mutter überredete sie, sich lieber aufs Gärtnern zu konzentrieren. Eine ihrer besten Ideen war genau diese

Kombination: die Grenze zwischen innen und außen zu verwischen. Heute ist diese Idee so etabliert, dass sie wie ein Klischee klingt. Aber um genau zu verstehen, wie weit Ulla ihrer Zeit voraus war, genügt es, sich eine ihrer Inspirationsquellen anzuschauen: die USA, besonders den Westen. Ulla deutete den kalifornischen Stil auf ihre eigene skandinavische Art um – ein naturnahes, einstöckiges Haus, voller Rattan und ruhiger grüner Blätter. Genau der Stil, der jetzt, ungefähr siebzig Jahre später, auf den allertrendigsten Blogs zu sehen ist.

Man merkt Ullas Büchern an, dass sie lustig und dickköpfig war. Zum Beispiel, als sie beschloss, vor ihrem ehemaligen Schulhaus in Skåne den perfekten Rasen anzulegen. Je mehr Unkraut sie jätete (Gift war keine Alternative), desto mehr wurde es. Die Sonne brannte den Rasen braun. Im Schatten war er anämisch. Ulla düngte wie eine Wahnsinnige. Dann klingelte das Telefon. Und nicht lange danach erkannte sie, dass sie durch die Unterbrechung die eine Hälfte zwei Mal gedüngt hatte – ein Streifen verbrannte wegen Überdüngung, der Rest verwelkte.

Dann kamen hungrige Vögel, eine Kanincheninvasion und schließlich Hexenringe. Ich muss laut lachen, als Ulla beschreibt, sie sei so verzweifelt gewesen, dass sie eine Suppe aus den Pilzen kochte, die im Hexenring wuchsen. Schließlich gab sie auf und ließ den alten Schotterplatz des Schulhauses wieder aufleben.

Vielleicht wurde da eine weitere ikonische Idee geboren: Teppiche aus Katzenpfötchen, Efeu oder Immergrün statt Gras. Das war die geniale Lösung unserer größten Landschaftsoptimiererin.

Aber wie verlockend es auch klingt, barfuß über babyweiche Katzenpfötchen zu gehen, ich komme auf den geschotterten Schulhof zurück. Überraschend *sophisticated*, wie Ulla selbst, grün und grau, fast buddhistisch geharkt. Und mittendrin pickt ein Huhn aus formgestutztem Buchs. Es ist so einfach verführerisch, dass ich mich zum ersten Mal seit dem Abschluss in die Schule zurücksehne.

I can't believe it's not Rasen

Einer von Ulla Molins Tricks war es also, grüne Teppiche aus etwas anderem als Gras zu kreieren. So kann man zwischen verschiedenen Schattierungen von Grün einige Pflanzen mit anderen Wachstumsbedürfnissen als Gras wählen. Außerdem muss man ihn nicht mähen.

Hier sind Ullas Top Drei für die Alternative zu Gras:

Katzenpfötchen. Eine kleine, behaarte mehrjährige Pflanze mit niedlichen Blüten. Katzenpfötchen sind sehr genügsam und wachsen auch auf steinigem und trockenem Untergrund. Auch sehr hübsch als Trockenblume.

(Sie brauchen gar nicht die Nase zu rümpfen, es ist an der Zeit für ein Trockenblumenrevival!)

Efeu. Normalerweise wird Efeu als Kletterpflanze gezogen, aber wenn es nichts zum Klettern findet, breitet es sich auf der Erde aus. Liebt feuchten Halbschatten bis Schatten und macht sich gut als Teppich unter einem Baum. Die Sorte »Huldra« ist besonders gut geeignet.

Immergrün. Genau wie Efeu behält Immergrün seine grünen Blätter auch im Winter, es blüht außerdem noch mit reizenden blauen Blüten. Sehr ausdauernd und dankbar an Stellen, wo das Gras nicht wachsen will, auch über Abhänge und an Schrägen.

Zusatztipp. Wie man weiß, kann Geißblatt einen ärgern: Man pflanzt es als Schlingpflanze, um Teile einer Wand oder einen Baumstamm zu bedecken, und dann klettert es an seiner Stütze hoch und bildet ganz oben ein großes Büschel aus wunderbar duftenden bunten Blüten, während der untere Teil kahl und exponiert wie ehedem ist. Dafür hat Ulla eine Lösung gefunden. Sie scherte sich einfach nicht darum, dass das Geißblatt eine Kletterpflanze ist, nahm die Stützen weg und ließ es als runden Busch wachsen, den sie hin und wieder zurechtschnitt, wenn er versuchte, abenteuerlustig davonzuklettern.

Heidi Palmgren

(geb. 1943)
Die Botschafterin des guten Grases

€ s gibt eine bestimmte Wohngegend auf einer bestimmten schwedischen Insel, direkt gegenüber von einem Kalksteinbruch, an der ich jeden Sommer vorbeikomme (meine nächstgelegene Sommerbierkneipe liegt in dem alten Fischereihafen auf der anderen Seite). Die neu gebauten Einfamilienhäuser dort sind enorm – abwechselnd schwarze Schachteln und kahle Steinkisten. Und jedes Mal, wenn ich dort durchradele, mit schmerzenden Augen, weil alles so hässlich ist, denke ich sehnsüchtig an die Gartendesignerin Heidi Palmgren. Heidi spricht ihren Nachnamen PalmgRRen aus, mit so einem auffordernden deutschen R. Dahinter verbirgt sich eine wilde Lebensgeschichte. Heidi ist im Nachkriegsdeutschland aufgewachsen, mit einem Stückchen Garten und sehr traditionellen Großeltern. Als sie ein Kind erwartete, ohne verheiratet zu sein, beschloss sie, naja, Ferien zu machen. Das Ziel ihrer Neun-Monats-Ferien war Schweden. Danach kam sie immer wieder, blieb schließlich, machte eine Ausbildung und verwandelte sich in eine leidenschaftliche Botschafterin für gutes Gartendesign. Heidi gründete auch eine inzwischen berühmte Baumschule, mitten in den achtziger Jahren, als das ultrafunktionelle Gartendesign der siebziger einem monumentalen Desinteresse weichen musste. Vielleicht wurde Heidi deshalb durch ihre Arbeit mit Ziergräsern und Bambus berühmt: In einer Zeit, in der niemand Zeit hat, kann sogar ein Yuppie einen schönen Garten haben, mit Gras und Bambus.

Und deshalb ist sie im Sommer bei mir, wenn ich durch die luxuriöse Villengegend fahre. Die Natur ist kahl und zurückgenommen, eigentlich passt die strenge Architektur sehr gut dazu. Aber Gartenarchitektur fehlt völlig: Vorgärten aus Steinplatten oder Kies, gähnend leer bis auf ein paar Unkräuter, schwer mitgenommen von der Sonne und den Winden vom Meer. In einem Interview spricht Heidi – voller Humor – genau darüber. Sie ärgert sich über Vorgärten aus Steinplatten. Grundstücke, bei denen die Vegetation durch Schüttgüter ersetzt wurde, erfreuen niemanden. Heidi schlägt deshalb grüne Baumkronen, duftenden Schneeball, Lavendel und jede Menge Salbei in verschiedenen Blautönen vor.

Obwohl sie die Ehrenbotschafterin des geschmackvollen Gartens ist, war Heidi nie versnobt (pflegeleicht und schön müssen keine Gegensätze sein). Sie verteilt auch großzügig ihr Wissen. In ihrem Buch *Nya trägårdens rum* (Die Räume des neuen Gartens) ist sie so pädagogisch, dass sogar ich, die ich mich bis vor kurzem eigentlich nur für Gemüse interessiert habe, beginne, auch in unmöglichen Gegenden Möglichkeiten zu entdecken. Aber ihre Großzügigkeit geht noch weiter: Im Gegensatz zu vielen anderen behält sie ihre Entwürfe nicht für sich. Heidi *möchte*, dass man sich von ihr inspirieren lässt. Dass alle Wohngebiete durch schöne Gärten bereichert werden, bis das ganze Land (die ganze Welt!) eingebettet ist in intime grüne Verstecke und respektvolle Mischbepflanzungen, wo eine Staude auf die andere folgt, ohne dass sie einander auf die Füße treten. Ich blicke über die Steinwüste und sehe sie mit Heidis Augen: ein Zimmer nach dem anderen voll mit konsequenten, minimalistischen grünen Ideen, wo Status sich immer der Schönheit und dem Genuss unterordnet und wo keine zarte Blume an einer Stelle wachsen muss, an der sie sich nicht wohlfühlt.

Heidis optisches Haus.

Heidi Palmgren hat starke Instinkte und dezidierte Meinungen. Eine ist, dass man einjährige Sommerblumen nicht in Beete säen darf, die für Stauden bestimmt sind. Aber mit der Zeit ist sie etwas milder geworden und empfiehlt jetzt stattliche, blasslila Riesenverbenen im selben Beet wie schwarze Stockrosen.

Eine andere Spezialität von Heidi sind Spiegel. Aber um diesen Trick zu verstehen, müssen wir von vorne anfangen.

»Strukturieren! Gruppieren! Minimieren!«, das sind ihre Schlagworte. Erst wenn man eine starke Struktur geschaffen hat, kann das Romantische und Wilde einen zu den richtig großen künstlerischen Gartenerlebnissen führen. Um diese unbedingt notwendige Struktur zu erreichen, plant Heidi den Garten, ausgehend von den Formen verschiedener Räume. Räume, die Fußboden, Dach und Wände haben wie in einem Haus. Der Schmuck und die Zierkissen, also die Beete und Blumen, kommen ganz zum Schluss. Der Boden, das sind der Rasen, der Kiesplatz, der Holzboden, die Steinplatten. Das Dach sind die Baumkronen, die ihre mächtigen exponierten Äste über den Garten strecken. Wände sind wichtig, sie können aus allem Möglichen bestehen, von geschnittenen Hecken bis zu Bretterwänden, die von Efeu überwachsen sind, das auch in großen Pfützen auf den »Boden« ausläuft.

Wenn das Zimmer fertig ist, dann ist es eingeschlossen, eingebettet und vor der Umwelt geschützt. Und jetzt kommen die Spiegel dazu. Wenn ein Garten so dicht und grün wie Heidis ist und man einen alten Spiegel an die Bretterwand hängt, und wenn der Rahmen des Spiegels vom Efeu überwachsen ist, dann passiert etwas Interessantes. Dann ist er kein extravagantes Detail mehr, sondern ein lebendiges Bild, ein grüner Ewigkeitsspiegel. Und auch wenn die Straße, die draußen vor der Bretterwand vorbeiführt, die verkehrsreichste der ganzen Stadt ist, kann das Auge nicht erkennen, dass der Spiegel in Wirklichkeit kein Guckloch in eine weitere grüne Welt ist, die immer weiter und weiter geht, bis man sich plötzlich selbst sieht und erkennt, dass das Universum, das man gerade gesehen hat, in Wirklichkeit das Paradies ist, das man selbst geschaffen hat – das eigene intime Gartenzimmer.

Johanna Ghyka

(1864–1954)
Der schönste kleine Garten der Welt

Sie hasste sowohl die Männer als auch die Menschheit.« »Sie liebte nur sich selbst und ihren Garten«. »Sie war *weird and invisible* – eigentümlich und unsichtbar.« Was wir sicher über die Prinzessin Johanna Ghyka wissen, ist, dass wir sehr wenig über sie wissen. Was die Leute über sie gesagt haben, kann natürlich wahr sein. Aber wir dürfen nicht vergessen, diese Gerüchte wurden über eine Prinzessin verbreitet, und es sind zudem noch Gerüchte, die in einer ebenso permissiven wie klatschsüchtigen Bohème-Oberschicht entstanden, die um die letzte Jahrhundertwende in Europa lebte.

Einiges weiß man sicher über die zurückgezogen lebende Prinzessin, Fakten, die aus offiziellen Dokumenten stammen: Sie wurde in Nizza in Frankreich geboren, ihre Eltern stammten aus Rumänien. Sie war eine mehrfache Prinzessin – Schwester einer serbischen Königin, später mit einem albanischen Prinzen verheiratet. Als junge Frau war sie unglaublich schön, das sieht man auf Bildern aus einer Zeit, als sie sich noch fotografieren ließ. Aber 1896 kaufte sie eine Villa in den Bergen oberhalb von Florenz und verschwand darin. Den Rest ihres Lebens verbrachte sie damit, ihre Villa Gambereia in einen Ort zu verwandeln, an dem einem die Superlative ausgehen.

Ich finde, die einfachste Beschreibung ist die schwerste: Das Anwesen der Villa Gamberaia ist als der schönste, romantischste Garten beschrieben worden. Punkt. Nicht in Italien, nicht aus der Zeit der Jahrhundertwende. Einfach der perfekteste kleine Garten – aller Zeiten, überhaupt.

Das Wort »klein« ist natürlich relativ. Wir sprechen immerhin von einer Prinzessin. Und auch eine Prinzessin konnte Villa Gamberaia nicht alleine erschaffen. Mindestens ein Familienvermögen war bereits in der sonnenverbrannten Erde verschwunden, mindestens ein Mann hatte sich dafür ruiniert.

Für Johanna war Gamberaia ein Versteck (jemand hat spekuliert, dass ihre Schönheit verblich und sie sich deshalb abschottete, was mich darüber nachdenken lässt, wer so etwas eigentlich beurteilt). Aber sie war keineswegs allein. Sie hatte ihr Nymphäum, einen Wald, der den Nymphen gewidmet war, eine typisch italienische Gartengrotte voller griechischer Götter. Vor der Villa saß ein ganzes Rudel süßsaurer Hundestatuen, mit Gesichtern, die die Schriftstellerin Edith Wharton als »niedergeschlagen« beschrieb.

Zu diesem Überfluss kam noch ein Wasserparterre. Um die Wasserbecken pflanzte sie Oleander, Duftgeranien und Rosen. Nach einem heißen Tag muss dieser Ort von schwerem Parfum gedampft haben. Das Wasser war voller Seerosen, die zufällig (oder?) zur Familie der *Nymphaeaceae* gehören. Hier trat die verschleierte Prinzessin in der Dämmerung heraus, um zu baden. Das vermuten wir aufgrund dessen, was die Nachbarskinder Historikern erzählt haben.

Auf der Rückseite des Hauses wird der Garten noch suggestiver: Durch eine Hintertür konnte die Prinzessin direkt in die abgesenkte verborgene Gartengrotte schreiten, eine Art superromantisches, sensuelles Boudoir im Freien. Ich stelle mir vor, sie spazierte dort umher, mit der Frau, die als ihre Gefährtin beschrieben wird, Miss Blood. Miss Blood, die bestimmten Quellen nach eine Domina war und die wir heute als Johannas Freundin oder Geliebte beschreiben würden. Die Prinzessin, Fräulein Blood und der geheime Garten: Hier haben wir ein ungeschriebenes Buch.

Renaissance auf kleiner Fläche

Wenn man versucht zu beschreiben, warum Gamberaia so gelungen ist, kommt man immer wieder auf die Proportionen zu sprechen, auf die Verwendung von Bewegung und Geometrie, das Gleichgewicht zwischen Licht und Schatten.

In Wirklichkeit bedeutet das unter anderem, dass der Garten größer wirkt, als er ist.

Viele von denen, die zu Beginn des 20. Jahrhunderts in die Berge oberhalb von Florenz zogen, waren Bohemiens im Exil, genau wie Johanna Ghyka. Da gab es Schriftsteller, Musiker und Künstler, die für ihre eigenen Länder zu unflätig waren, eine ganze Gruppe von Mädchen, die etwas miteinander hatten und mindestens ein die Geschlechtergrenzen überschreitender Gruselschriftsteller. Die Leute im Allgemeinen, und Johanna im Besonderen, waren von der Renaissance begeistert und von den okkulten Details in den Gärten. Die Gärten der Renaissance waren oft riesig, Gamberaia ist im Vergleich dazu winzig. Man konnte den Garten auch nicht erweitern, er hing schon über den Rand des florentinischen Berges. Trotzdem gelang es Johanna, viel von dem zu integrieren, was einen Renaissancegarten ausmacht, aber auf kleinerer Fläche. Deshalb fühlt der Garten sich so intim an. Er kommt einem unter anderem wegen des langen schmalen Rasens, der sich wie eine gerade Linie hindurchzieht, größer vor. Eigentlich ist es ziemlich verrückt, im heißen, knochentrockenen Italien einen Rasen anzulegen – er ist ein Designimport aus England, wo es ja ständig regnet. Aber in Gamberaia erfüllt der Rasen eine Funktion: Er bindet den ganzen Garten zusammen, und von seinem weichen Boden aus kann man alle separaten Räume erreichen. Wenn man zum Beispiel mit dem Haus rechts und dem Rasen vor sich steht, breitet die Aussicht sich nach vorne und ein bisschen zur Seite aus. Die Villa Gamberaia liegt in einer Agrarlandschaft, sie schämt sich jedoch nicht dafür, sondern umarmt die Anbauflächen und präsentiert stolz die Umgebung. Direkt links liegt die Limonaia – eine Art Orangerie für empfindliche Zitrusfrüchte. Unter der Limonaia ist das Nymphäum und rechts, vor dem Haus, das Wasserparterre.

Die einzelnen Teile werden vom Rasen zusammengehalten, obwohl sie voneinander getrennt sind. Das Nymphäum liegt tiefer als die Limonaia, das Wasserparterre wird von hohen, in Form geschnittenen Hecken eingeschlossen. Ein besonders cooles Detail im Wasserparterre ist ein Loch in der Hecke. Ganz hinten, wo der Garten an einem Abgrund endet. Wenn man bis zum Loch in der Hecke geht, erwartet einen eine schwindelerregende Aussicht über die Stadt Florenz. So etwas findet man an mehreren Stellen in Gamberaia: dass die Aussicht verstellt ist, sich jedoch öffnet, wenn man sich dem Aussichtsplatz von der richtigen Seite nähert und nahe genug herangeht. Letzteres macht, dass der Garten wie eine Referenz an die Prinzessin selbst ist – eine Andeutung, dass es nicht nur ihre Entscheidung war, den Rest der Welt hinter sich zu lassen und sich hinter hohen Mauern zu verstecken. Wie eine Ermahnung an Besucher und Nachgeborene: Wer sich von der richtigen Seite nähert und nahe genug kommt, kann sehr wohl ihre unglaubliche Geschichte hören.

Claude Monet

(1840–1926)
Jenseits der Seerosen

Impressionistische Kunst ist nicht für jeden etwas. Die romantischen unscharfen Motive gehören zu den am meisten beschimpften Gemälden der Welt, obwohl sie doch so unschuldig sind. Aber wenn man erst einmal vor Claude Monets Seerosen steht, kann man sich nicht wehren: Das Licht strahlt aus dem Gemälde heraus. Der Sonnenuntergang, der sich im Wasser spiegelt, spiegelt sich im Öl so deutlich, dass man das Gefühl hat, die eigenen Wangen würden sich rosa färben. Und ich glaube, Claude wusste das genau.

Claude Monet wurde im 19. Jahrhundert geboren und wuchs in Le Havre an der französischen Nordküste auf. Er war schon über fünfzig (und ein bekannter Impressionist), als er in einem Zug von Paris Richtung Norden saß, aus dem Fenster schaute und seine eigene Zukunft sah. Er stieg in dem kleinen Dorf Giverny in der Normandie aus und kaufte dort ein Haus. Claudes Frau und Lieblingsmodell, Camille Doncieux, war nach der Geburt des zweiten Kindes gestorben. Im Haus in Giverny begann Claude mit der Arbeit, sich eine neue, unsterbliche Muse zu erschaffen: den Wassergarten, der jetzt in den größten Museen der Welt hängt und der selbst die härtesten Kunstkritiker zu Fall bringen kann.

Genau wie der richtige Adel, hatte der Malerkönig einen Gärtner. Manchmal phantasiere ich, wie es wäre, am Morgen zur Arbeit zu kommen und eine handgezeichnete Skizze von Claude Monet vorzufinden, auf der steht, wo der Agapanthus gepflanzt werden und welche Form der Seerosenteich haben soll.

Zu seiner erfolgreichsten Zeit hatte Monet sechs Gärtner (und acht Kinder), die im Garten arbeiteten. Und das sieht man. Es ist nicht einfach nur schön. Der Garten ist völlig von Pflanzen überschwemmt. Schicht auf Schicht, in die Höhe, vom Boden nach oben und in die Tiefe, ein bisschen wie auf einem Gemälde Farben übereinander geschmiert werden, sodass ein harmonisches Ganzes entsteht, aber erst, wenn man ein paar Schritte zurücktritt. Entlang eines geraden blassen Kieswegs wachsen hohe, helle Blumen in geraden Randbeeten. Aber der Weg sieht nicht gerade aus. Aus dem Beet fließt rankende Kapuzinerkresse, und aus

Mangel an Rankmöglichkeiten wirft sie sich in unregelmäßigen Wellen über den Weg, mit brandgelben Blüten anstelle von Wellenschaum. Über dem Weg erheben sich hohe, luftige Rosenportale, und ganz hinten ahnt man die rosa Fassade des Hauses unter einer Decke von Efeu. Ein Stück weiter, aus einem undurchdringlichen Bambuswald, streckt sich eine grüne japanische Brücke über den algengrünen japanischen Teich, den Monet mit errötenden Seerosen füllen ließ. Die geschwungene Form der Brücke wiederholt sich im Blauregen, der herabtropft, aber auch in der Trauerweide, die ihre eigene Reflexion im Wasser anstarrt. Claude muss sich in das feuchte Gras am Teich gelegt haben, um die richtige Perspektive auf die gelbe Iris zu bekommen, die sich über alle, die vor dem Bild mit dem gleichen Motiv stehen, erhebt.

Aber ich glaube, Monet malte mehr als nur Licht: Er malte Düfte, besonders nachdem sein Augenlicht sich verschlechterte. Und je mehr Duft, desto überwältigter war er – der Blick über den Rosengarten ist kaum zu erkennen vor Wirrwarr aus rosa und roten Düften, brauner Erde und Feuchtigkeit, die aus den Spaltöffnungen der grünen Blätter dampft.

Claude Monets Garten ist ein ebensolches Meisterwerk wie seine Bilder – Letztere hätten ja ohne Ersteren gar nicht existiert. Als ich aus dem Keller des Musée Marmottan Monet in Paris nach oben steige, etwas außer Atem und mit einem Hauch von Stendhals Syndrom*, ist es sehr passend, dass der Shop nicht nur Tassen, Mousepads und Schlüsselanhänger mit Monets Seerosen verkauft, sondern auch ein Paar Gartenhandschuhe.

---

* ein psychosomatischer Zustand, der durch ein mächtiges Kunsterlebnis ausgelöst wird

Den Stil nachahmen: Claudes Sommerblumen

Claude Monet war Maximalist. Anstelle von geschmackvollen, wohlüberlegten Bepflanzungen mit mehrjährigen Blumen schaute er gerne zu, wie laute, einjährige Sommerblumen sich überboten. Hier folgen ein paar Pflanzen, die man aus seinen Beeten pflücken könnte.

Ährensalbei. Auch ganz normaler Gewürzsalbei macht sich gut als Zierpflanze, mit zarten lila Blüten. Der Ährensalbei hat dramatischere Spieren und Blüten.

Cosmea (Schmuckkörbchen). Dillartig und rosablühend, passt gut in Sträuße.

Dahlien. Die Dragqueen jedes Blumenbeets. (Ich fand Dahlien unverständlich, bis der Schriftsteller Klas Östergren erzählte, sie seien ein Muss auf dem Tisch während seines jährlichen Gans-Essens. Jetzt muss ich immer an sie denken.)

Feuersalbei (rot). Ungefähr wie Ährensalbei, nur noch prachtvoller.

Geranie. Geranien lieben Gartenbeete. Wenn man im Herbst Stecklinge zieht, kann man die Pflanze vermehren oder sie ausgraben und ins Haus holen.

Glockenrebe. Lustige Rankpflanze, deren Blüten aussehen, als würden sie eine anzügliche Grimasse schneiden.

Prunkwinde. Phantastische Kletterpflanze mit weißen knallblauen oder -lila Blüten, die so giftig sind, wie sie aussehen. Die Samen werden von Risikojunkies und bestimmten Naturvölkern verwendet.

Tabak Nicotiana mutabilis. Wie Ziertabak, aber die einzelnen Pflanzen haben Blüten mit verschiedenen Farben.

Sonnenblume. Eine der besten einjährigen Sommerblumen. Maximaler Effekt bei minimaler Anstrengung.

Spinnenblume. Exotische Blume, die auch in nördlicheren Breiten wächst.

Ziertabak. Verwandter vom Tabaktabak, hübsche Farben und angenehmer Duft.

Zinnie. Hier kann ich Claude Monet nicht mehr folgen. Warum will man richtige Blumen haben, die aussehen wie Plastikblumen!?

Und natürlich **Kapuzinerkresse.** Hübscher und essbarer Favorit.

Lancelot »Capability« Brown
(ca. 1715/16–1783)
Kapabel ist nur der Vorname

Im England des ausgehenden 17. Jahrhunderts gab es eine Art Konsens, dass die Gartenkunst ihren Höhepunkt erreicht hatte. Jetzt war endlich alles perfekt.

Le Nôtre, der Macher des Gartens in Versailles, hatte

das größtmögliche Ideal für Europas Schlossbesitzer geschaffen. Affige Fontänen, in Form geschnittene Hecken und Cherubim – besser konnte es doch nicht werden, oder? Ungefähr zu dieser Zeit tauchte Lancelot »Capability« Brown auf und brüllte ein schallendes »Doch!« als Antwort.

Inzwischen glaubt man, dass Capabilitys Einfluss so monumental war, dass er noch heute unsere Augen in die Irre führt. Das Problem, der Shakespeare der Landschaftsarchitektur zu sein, ist, dass die Werke zuwachsen, wenn sich nicht jemand um sie kümmert. Als würde *Romeo und Julia* sich selbst jedes Jahr ein bisschen umschreiben, wenn nicht ein Lektor auf das Stück aufpassen würde, Kommas zurücksetzte und die Metaphern in Schach hielte. Die Besonderheit von Capability Brown ist, dass sein bester Trick darin bestand, Landschaften zu erschaffen, die überhaupt nicht erschaffen aussahen. Im Gegensatz zu Le Nôtre konnte er die Natur natürlicher aussehen lassen, als Mutter Erde sie geschaffen hatte. Genau deshalb ist es so faszinierend, Capabilitys Landschaften anzuschauen und gezeigt zu bekommen, was – den See vor dem Schloss, den grasigen Abhang hinter dem Wasser, den wilden Wald am Horizont – er hinzugefügt hatte.

Capability wurde 1716 getauft und hat womöglich 280 Landschaften, verteilt auf 50 000 Hektar, geschaffen. Außer einer begnadeten Fähigkeit, natürliche Landschaften zu bauen, war er ein meisterhafter Klempner. Einmal nahm er sich eines Schlossparks an, in dem das Schloss unklugerweise mitten in einen stinkenden Sumpf gebaut worden war, und verwandelte ihn in eine pittoreske Landschaft, durchbrochen von einem netten kleinen Fluss, der offenbar seit der letzten Eiszeit hier floss. Gewundene Wege, die man vom Schloss aus nicht sah, die aber demjenigen, der darauf zufuhr, den vollen Blick über die Landschaft bescherten, war eine andere Spezialität.

Die Parks wurden mit kleinen Wäldchen vollendet. Für die Perspektive: Die Wäldchen, die Capability hinterlassen hat, können in der Größe stark variieren, von einem bis zu einer ganzen Mannschaft von Fußballfeldern. Ein Auftrag konnte mehrere Jahre und Hunderte von Angestellten in Anspruch nehmen, und einmal half eine große Schafherde dabei, den Grund eines künstlichen Sees festzutrampeln.

Heute glaubt man, Capabilitys Gartenkunst sei so allumfassend gewesen, dass sie unsere Auffassung von der englischen Landschaft geformt hat. Und genau das macht seinen Einfluss so fundamental und tückisch. Stellen Sie sich vor, dass das England in Ihrem Kopf überhaupt nicht so aussieht wie das eigentliche England. Das England Ihrer Vorstellung sieht aus, wie es aussieht, weil ein allmächtiger Landschaftszauberer seinen Traum in Ihren Kopf planen, pflanzen und platzieren konnte.

Eines ist auf jeden Fall sicher: Capability Brown ist es gelungen, ein naturromantisches Gemälde zu phantasieren, und zwar in echt, und dass dieses Gemälde dann so oft auf Leinwand und Fotopapier überführt worden ist, dass man jetzt den Traum nicht mehr von der Wirklichkeit unterscheiden kann.

Sichtachsen und Blickfänge – so funktioniert es

Eine von Capability Browns Stärken war etwas, das man Sichtachsen nennt: inszenierte Blicke, geplant für das Auge, mit einem bestimmten Ausgangspunkt. Wie ein länglicher Rasen, auf beiden Seiten von Bäumen eingerahmt, der mit einem Obelisken abgeschlossen wird. Eines der bekannteren Beispiele für einen solchen Blick kann man sehen, wenn man mit dem Rücken zum Weißen Haus steht und nach Süden blickt, über den langen Rasen, der zu einem runden Springbrunnen führt, hinter welchem das Washington-Denkmal hervortritt. Die Absicht ist also, dass man an einem bestimmten Platz steht und in eine bestimmte Richtung schaut, und wenn das passiert, soll das Auge und der Blick mit Hilfe eines Blickfangs ans Ende der Sichtachse gezogen werden. Das ist phantastisch, denn die Person, die die Landschaft geschaffen hat, hat nicht nur ausgerechnet, wie der Ort aussehen soll, sondern auch, wie man sich verhalten soll, wenn man dort steht. Der Landschaftsarchitekt verführt einen, in eine bestimmte Richtung zu schauen, und wenn man das macht, erhält man eine Belohnung: Es geschieht etwas Schönes oder Spannendes oder Effektvolles dort hinten am Horizont.

Capability ließ ganze Dörfer umsiedeln, wenn er der Meinung war, dass sie seine Aussicht störten, aber man kann auch im Kleinen mit Sichtlinien arbeiten. Zum Beispiel, indem man einen geraden, schmaler werdenden Weg aus dem Garten zu einem Aussichtsplatz führen lässt. Das Schmaler-werden-Lassen ist ein klassischer Trick für einen kleinen Garten: Man wird verführt zu glauben, dass der Abstand größer ist und die Perspektive den Weg schmaler aussehen lässt. Noch effektvoller wird es, wenn man am Weg entlang Büsche pflanzt, die zu Kugeln geschnitten sind, die immer kleiner werden, je weiter weg sie gepflanzt sind.

Einmal habe ich ein besonders gelungenes Beispiel für eine Sichtachse durch ein Souterrain-Fenster gesehen. Es war mitten im Winter, und durch das große Fester sah man nur auf einen steilen Abhang. Der Abhang war schattig und feucht, aber schneefrei, dank der Wärme vom Haus und weil er mit Efeu statt mit Gras bewachsen war. Auf beiden Seiten des Fensters wuchs heller dünner Bambus, wie ein Rahmen. Mitten auf dem Abhang, von unten nach oben, verlief eine kleine Treppe aus Pflastersteinen. Unten, beim Fenster, war die Treppe vier, fünf Steine breit. Dann wurde sie schmaler, bis sie nur noch einen Pflasterstein breit war und vom Efeu verschluckt wurde, was den Abhang noch dramatischer und steiler aussehen ließ. Auf halber Treppe stand ein Sanddornstrauch, dessen Zweige voller knallgelber Beeren waren, wie die Beine einer Hummel, die den ganzen Tag Pollen gesammelt hat. Ganz oben erhob sich ein mächtiger Zimt-Ahorn mit fransig-glänzender Rinde, und dahinter – bemerkte ich jetzt, als ich nach oben schaute – sah man einen kleinen Streifen Himmel, wo ein beginnender Sonnenuntergang die kupferfarbene Rinde im rosigen Gegenlicht wie selbstleuchtend aussehen ließ. Sichtachsen also!

Musō Soseki

(1275–1351)
Moos, Moos, Moos!

S o reduziert ästhetisch, dass niemand versteht, was er bedeutet.« So beschreibt der Journalist AA Gill den Zen-Buddhismus. Die Lehre ist trocken, an der Grenze zu masochistisch. Hier gibt es nur minimalen Trost zu finden. Aber eines kann Zen richtig gut: Garten. Fast alle ambitiösen Gärtner werden irgendwann von Zen erfasst (das trifft meistens dann ein, wenn man erkennt, dass es leichter ist, mit den Schultern zu zucken, als sich die Haare zu raufen.)

Praktizierende Zen-Buddhisten sind oft geschickte Gärtner, wie zum Beispiel der Bauer Masanobu »Tut nichts« Fukuoka (Seite 176). Aber der Größte von allen war Musō Soseki, und das Größte von Musōs Gartenprojekten ist Saihō-ji, oder Kokedera, der Moostempel in Kyoto – ein Meisterwerk, das mit der Zeit mächtiger wurde, als es eine menschliche Hand erschaffen kann.

Musō war ein Sucher, der im 13. Jahrhundert in Japan geboren wurde. Seine Mutter starb, als er vier Jahre alt war, ein paar Jahre später begann er, den Buddhismus zu studieren, und beschloss im Alter von neun Jahren, Mönch zu werden. Zen kam in einem Traum zu ihm, und er zögerte keine Sekunde, dem neuen Weg zu folgen.

Im Unterschied zum anderen, flotteren Buddhismus gibt es im Zen keinen Eskapismus. Das Leben vor der Erleuchtung besteht aus Holzhacken und Wassertragen. Das muss der Grund dafür sein, dass Gärtnern und Zen so gut zusammenpassen. Wenn man erst einmal akzeptiert hat, dass die Arbeit nie fertig wird, kann die Gartenarbeit eine perfekte Illustration des Lebens sein.

Musō liebte die Natur und gärtnerte als Teil seiner Meditation. Er gründete einen Tempel nach dem anderen und legte einen Garten nach dem anderen an.

Einer von Musōs Designtricks war es, naturähnliche Gärten zu schaffen, die Metaphern für die Erleuchtung waren. Zum Beispiel ein schmaler Weg, der einen Berg hinaufführt zu einem Plateau für die Meditation. Auf die gleiche Weise wird die Erleuchtung beschrieben, als geduldig einen Weg entlang zu wandern, der plötzlich einen atemberaubenden Ausblick über die Landschaft gewährt. Musō liebte Höhenunterschiede; er mischte hoch und niedrig, aber auch nass und trocken, wie einen feuchten Teich an einem Hügel. Seine Gärten boten die Möglichkeit, wirklich zu erleben, dass die Welt selten in zwei separate Segmente aufgeteilt ist, sondern dass das meiste ein unscharfer Übergang ist. Dass eine Sache wahr sein kann, ohne dass der Gegensatz falsch ist. Dass Dinge hart und weich zugleich sein können. Wie ein Stein, der von weichem Moos überwachsen ist.

Nirgendwo ist das deutlicher als am Saihō-ji-Tempel. Als Musō hierher kam, war der Garten verwildert. Aber es gab einen schönen Teich und reichlich große Steine. Musō nahm sich des Gartens mit jenem Gleichmut an, den jemand hat, der weiß, dass nichts wirklich von Bedeutung ist. Als er fertig war, hatte er seinen schönsten Garten geschaffen, komplett mit einem trockenen Wasserfall: eine natürliche Skulptur, bei der Steine aussehen, als würden sie wie Wasser herabstürzen.

Musō wurde mit der Zeit einer der mächtigsten Männer Japans, aber er blieb immer das Blumenkind der Eremiten, und wenn die Aufmerksamkeit zu groß wurde, floh er in die Stille von einem seiner Gärten. Etwa zwanzig Jahre nach der Restaurierung von Saihō-ji starb Musō. Und dann kam der Onin-Krieg, der Tempel brannte nieder, dann kamen Überschwemmungen und schließlich Verfall und Armut. Während der harten Jahre konnte das Moos sich langsam ausbreiten und schließlich die Hügel, Steine und Inseln einnehmen, bis nur noch die Struktur zu erkennen war. Heute ist der Ort eine stille, bemooste Illustration eines Gartens, von dem man nur noch die Konturen erahnen kann. Auch wenn das Gefühl ihm fremd wäre, sehe ich vor mir, wie Musō, in seiner Nicht-Existenz, über den Erfolg der totalen Stille jubelt.

Aufstieg und Niedergang des Laubbläsers

Seit den fünfziger Jahren wurden die schneidenden, hacken-
den, klappernden, benzinschluckenden Gartenmaschinen
immer zahlreicher. Und mit jedem neuen Verbrennungs-
motor werden die Gärten weniger zen-artig. Das ärgerlichs-
te Gartengerät ist der Laubbläser. Was die Entwicklung noch
ärgerlicher macht, ist die Geschichte des Laubbläsers.

Zen-buddhistische Mönche haben also Gärten angelegt:
von unbegreiflich langweiligen Kiesgärten bis hypnotisch
schönen Moosgärten. Und genau wie Musō erledigen die
Mönche die Gartenarbeit wie eine Art Meditation. Sie har-
ken den Kies, heben heruntergefallene Zweige vom Moos
auf. Still. Früher haben sie Blasebälge mit in den Garten
genommen, um im Herbst gefallene Blätter wegzublasen.
Einen Moosgarten kann man nicht mit der Harke bearbei-
ten, dabei würde man das Moos herausreißen. Stattdessen
bliesen sie vorsichtig die Blätter weg. Die Alternative wäre
gewesen, sie von Hand aufzuheben. Aber irgendwann in
den siebziger Jahren hatte ein Japaner eine Eingebung und
entwickelte ein Schummelgerät für Leute, die sich einen
zen-buddhistischen Moosgarten wünschen, aber nicht mit
einem Blasebalg herumalbern wollen. Der benzingetriebe-
ne Laubbläser war geboren. Es dauerte nicht lange, da entdeckte man in den USA das neue technische Gerät. Schon
1975 hatte der Laubbläser so viel Unsinn angerichtet, dass
er in bestimmten Teilen von Kalifornien verboten wurde.
Aber da war es zu spät. Das schreckliche Ding verbreitete
sich wie die Pest in den USA und dann in der Welt.

Neben dem Lärm* und dem Benzin gibt es da noch et-

---

* Lärm ist nicht nur ärgerlich, er ist auch gesundheitsschädlich.
Vor allem für denjenigen, der die Maschine hält, aber auch für
andere.

was, wovon ich Stressausschlag bekomme, sobald ich im Herbst den ersten Laubbläser jaulen höre. Der Laubbläser ist völlig nutzlos fürs Laubkehren. 1990 hatte eine ältere Dame in Amerika genug und forderte die Stadt im Laubkehren heraus. Ihre These war, dass die Harke schneller, effektiver und leiser als der Laubbläser ist. In drei Wettbewerben kämpfte die kleine Alte mit der Harke gegen die stärksten Parkarbeiter der Stadt, mit den besten Laubbläsern auf dem Rücken. Sie ging unbesiegt aus allen Wettbewerben.

Also: nur zen-buddhistische Mönche in Moosgärten brauchen Laubbläser. In allen anderen Fällen ist die Harke überlegen.

Buchtipps

❈ Christopher Lloyd und Beth Chatto: *Dear Friends and Gardener! Ein Briefwechsel über das Leben, das Gärtnern und die Freundschaft.* 2013.

❈ Christopher Lloyd und Richard Bird: *Der Cottage-Garden. Gartenparadiese im englischen Stil.* Dorling 2000.

❈ Dominique Lobstein: *Claude Monet in Giverny. Der Maler und sein Garten.* 2016.

Weltverbesserer

Es gibt Gärtner, die wollen ganz konkret die Welt verbessern, die nicht nur mit esoterischen Mitteln wie Schönheit und handwerklich hergestellten, perfekt ausgewogenen Spalieren arbeiten. Es gibt Guerillas, unterirdische Netzwerke und radikale Zellen. Militante Gärtner, die Samenbomben werfen und Grundstücke besetzen.

Der englische Reformator Gerrard Winstanley (1609–1676) wird zu den allerersten Guerillagärtnern gezählt. Er lebte in London, und der Mangel der Stadt an sowohl physischer wie geistiger Nahrung trieb ihn zum Handeln.

Die amerikanische Künstlerin und Stadtplanerin Liz Christy (1945–1985) wird zu den ersten modernen Vertreterinnen des *Guerilla Gardening* gerechnet, sie zog im heruntergekommenen New York der siebziger Jahre zu Felde. Zu jener Zeit waren verlassene, verfallene Häuser und Grundstücke ein Problem in den Innenstädten der USA. Rund dreißig Jahre später sah der Performancekünstler Fritz Haeg (geb. 1969) in seiner Heimatstadt das gegenteilige Problem: überbehütete Rasenflächen. Eine Zeit lang war er die Vortruppe der grünen Guerilla in den Villenghettos der Oberschicht von Los Angeles. Ein weiteres Problem war entstanden, man nannte es Essenswüsten: Wenn die Innenstädte von Fast-food-Ketten überrannt werden, verhungert die übergewichtige, unterernährte Bevölkerung. Im Jahr 2001 beschloss der selbsternannte Gangsta-Gärtner Ron Finley (noch am Leben, hält sein Alter geheim), die Guerillamethoden von Liz in den bekannten Stadtteil South Central von Los Angeles zu importieren.

Und dann kann man natürlich auch einfach um etwas bitten, wie die schwedische Politikerin und Aktivistin Anna Lindhagen (1870–1941), die bestimmt auch eine genauso erfolgreiche Guerilla-Gärtnerin wie ihre Nachfolger geworden wäre, wenn der König nur nein gesagt hätte, als sie um sein Land bat. Aber das tat er nicht. Und noch heute haben Tausende von schwedischen Stadtbewohnern das Recht, ganz friedlich Gemüse zu ziehen.

Aber was geschieht, wenn die Leute das Recht nicht nützen, wenn sie nicht gärtnern *wollen*? Ganz einfach, dann macht man es wie der englische Fernsehmoderator Monty Don (geb. 1955): supercharmant im Fernsehen sein. Und schwupps, aus dem Opium fürs Volk ist das Mohnbeet fürs Volk geworden.

Ganz ähnlich arbeitete der Botaniker Carl von Linné (1707–1778), der auch dafür sorgte, dass es schönen Mohn zum Säen gibt. Heute hilft die Fotografin und Schriftstellerin Karin Berglund (geb. 1937), indem sie über ihn und all die wunderbaren Pflanzen berichtet, die er und die anderen Pflanzenjäger zu uns gebracht haben.

Gerrard Winstanley

(1609–1676)

Jetzt ist wohl eine Grabolution im Gange

Als um 1640 der englische Bürgerkrieg ausbrach, verlor der Unternehmer Gerrard Winstanley all sein Geld. Er zog aufs Land, hielt Kühe und kam zu einer Erkenntnis: Es war an der Zeit, die Ungerechtigkeiten auszumerzen und den landbesitzenden Adel zu stürzen, mit Spaten und Gemüse als friedlichen Waffen.

Eines mag ich besonders an Gerrard, er sprach von der Allmende. In dem Dorf, in dem er wohnte, gab es einen Acker, auf dem alle Tiere weiden durften. Alle im Dorf wurden reicher, ohne dass jemand ärmer wurde, dank der Tatsache, dass der Boden niemand Bestimmtem gehörte. Aber manche im Dorf nützten den Überfluss aus. Eine Minderheit der reichen Landbesitzer ließ mehr Tiere weiden als sie eigentlich brauchten, die Allmende wurde überweidet und ging kaputt, die Ärmsten im Dorf hungerten, weil ihre einzige Kuh ihre Nahrungsquelle verloren hatte.

Eine andere Idee von Gerrard war, dass arme Leute etwas anbauen sollten, anstatt ihre Arbeitskraft an die reichen Chefs zu verschleudern. Und wenn er selbst anbaute, was er aß, konnte Gerrard noch etwas umgehen, was er hasste: Steuern.

Im Jahr 1649 fand Gerrard in Surrey das perfekte Brachland zum Okkupieren. Zusammen mit ein paar Freunden beschloss er, ein Kollektiv zu gründen und dort Häuser zu bauen. Es war eine wilde Truppe. Radikale Stadtbewohner, anders denkende Bauern und ein offensichtlicher Aufrührer, der einmal aus religiösem Protest eine Kanzel mit Dornengestrüpp vollgestopft hatte. Die Gruppe nannte sich The Diggers, mit seinen schulterlangen Haaren, seinem Mystizismus und seinem schwarzen Schlapphut hätte Gerrard heute in jede alternative Folkrockband gepasst.

Die Erde um das besetzte Grundstück war mager. Sandige Heide soweit das Auge reichte. Aber Gerrard und die anderen wussten, wie man sie zum Blühen bringen konnte. Im April – nach einem Winter, der so hart war, dass sogar reiche Londoner ihre Haustiere essen mussten – begann die Arbeit. Die Diggers gruben Büsche aus und füllten die Gräben. Sie düngten und betrieben *denshiring* – eine Art gehobene Mischung aus Schwenden und Hochbeet-Wirtschaft. Sie säten Pastinaken, Möhren und stickstoffbindende Bohnen, und im Herbst würden sie ihr eigenes Gemüse ernten und alle Hungrigen würden satt.

Gerrard war ein ökologischer Revolutionär und ausgesprochener Pazifist – den Boden auszubeuten, war seine Sache nicht. Er verstand, dass die Grundlage für Gerechtigkeit der gemeinsame Boden ist, der uns allen gehört. Dennoch waren einige Nachbarn ausgesprochen unzufrieden mit diesem Hippie-Kollektiv. Einmal boxte ein Nachbar einen von ihnen aufs Ohr. Der drohte – unverständlicherweise – damit, Hanf auszusäen. Ein Jahr nach dem ersten Spatenstich rückte die Armee gegen die friedlichen Okkupanten aus. Die Soldaten zerbrachen die Spaten der Digger, zerstörten die Häuser und zertrampelten das Gemüse.

Gerrard kehrte nie wieder in das Kollektiv zurück.

Aber noch heute, jedes Mal, wenn jemand eine Tüte Äpfel aus dem eigenen Garten verschenkt oder guerillamäßig Kartoffeln auf vernachlässigtem kommunalem Boden anbaut, geht ein kleiner elektrischer Stromstoß zurück ins 17. Jahrhundert und zu dem Optimismus, den Gerrard durch die revolutionäre Kraft des Gärtnerns verbreitete, und für seinen Glauben, dass Frieden und Gemüse uns alle retten können.

Alles übers Schwenden

Das Schwenden, das auch Gerrard Winstanley nutzte, ist eine traditionelle Anbaumethode, mit der sich unverhältnismäßig große Ernten aus unfruchtbarem Boden erzielen lassen. Eine ähnliche Methode ist die Brandrodung, aber Brandrodung eignet sich nicht für kleine oder stadtnahe Gärten. Einerseits will man nicht zum Brandschatzer des Viertels werden, andererseits muss der Boden nach der großen Ernte ein paar Jahrzehnte ruhen. Deswegen wurde Schwenden und Brandrodung meistens von Nomaden angewandt und von Leuten, die zu viel Wald und zu wenig Ackerboden besitzen.

Es gibt jedoch Möglichkeiten, wie die Brandrodung auch für Gartenbesitzer nützlich ist, wenn man völlig zugewachsenes Terrain für einen Neuanfang roden muss. Ich habe zum Beispiel die Brandrodung anstelle einer Stubbenfräse genutzt, um ein Schlehengestrüpp loszuwerden. Mit Feuer roden ist gefährlich – man muss die Windstärke und -richtung beachten und wissen, wie man löscht. Wenn man es nicht gewöhnt ist, sollte man einen Kurs besuchen. Wenn man es gewohnt ist, mit Feuer umzugehen, kann man so vorgehen: alle Büsche und Gestrüpp heruntersägen. Alles liegen und trocknen lassen. Man kann das Gestrüpp auch zu einem Haufen sammeln. Früher, als das Feuern noch nicht verboten war und man eine positive Einstellung zu kleinen Waldbränden hatte, konnte man im Juli abbrennen. Heute gibt es bessere Zeitpunkte. Entweder von Mitte März bis April, ehe die Vögel und andere Kleintiere in Gang gekommen sind. Um den Platz, an dem man brennen will, sollte noch etwas Schnee liegen. Den ganzen Sommer über ist es verboten. Spät im Herbst ist eine zweite Möglichkeit, aber da läuft man Gefahr, Insekten und andere Tiere zu verbrennen.

Wenn man bereit ist, breitet man den Reisighaufen da aus, wo man roden will. Das sollte eine Schicht von etwa einem Meter sein. Man sollte am Vormittag anfangen, damit genug Zeit bleibt und die Glut ausgehen kann. Wenn man ein entsprechend großes, glühendes Kohlebett hat, kann man die Glut weiter verteilen und das Feuer mit neuem Reisig füttern. Man kann zum Nachmittag Leute zum Würstchengrillen und Kohleverteilen einladen! Wenn alles abgebrannt ist, alle Stubben und Wurzeln verbrannt sind, lässt man das Feuer ausgehen. Wenn nötig, mit Wasser löschen.

Ein echter Schwendebauer sät jetzt seinen Schwenderoggen und seine Schwenderüben direkt in die Asche, mit Hilfe eines Grabstocks oder einer alten Wurzel – Eisenwerkzeuge wurden von Schwendebauern nicht verwendet. Die Asche liefert zusätzlich Nahrung, liegengebliebene Zweige und Äste schützen den Boden vor Auswaschung.

Wenn man die Brandkultur als Rodung vor dem Anlegen eines Beetes verwendet, bereitet man die Erde vor wie immer, man gräbt um, düngt und pflanzt.

Bevor man diese Methode anwendet, sollte man sich unbedingt erkundigen, ob und unter welchen Umständen sie erlaubt ist.

Liz Christy

(1945–1985)
Grüne Guerilla im NY des Punks.

An der Kreuzung Bowery und Houston Street in New York – nicht weit von der Straßenecke, wo der Rockstar Dee Dee Ramone vielleicht seinen Körper verkauft hat, um seine Drogensucht zu finanzieren – gedeiht der Garten von Liz Christy. Das Lied, das Dee Dee über männliche Prostitution schrieb 53rd & 3rd, erschien 1976, drei Jahre, nachdem Liz beschlossen hatte, das verlassene Stück Erde in Manhattan zum Garten zu machen. Da war es für die Lower East Side schon ungefähr zweihundert Jahre bergab gegangen.

Elizabeth »Liz« Christy war achtundzwanzig, Künstlerin, ausgebildete Stadtplanerin und Agronomin, und sie lebte und gärtnerte in dieser Gegend. Überall, wo es in diesem heruntergekommenen Viertel ging, gärtnerte sie: auf Baumscheiben und in Blumenkästen, die sie und ihre Truppe, die Guerillagärtner Green Guerillas, auf den Fensterbrettern von verlassenen Häusern platzierten. Wo andere nur einen Müllplatz sahen, sahen Liz und ihre Freunde einen zukünftigen Garten.

Es war also kein kleines Eden, das sie sich vornahm – im Gegenteil. Und damit nicht genug. Niemand hatte jemals gemacht, was sie machen wollte: Umgeben von Abgasen, Schattengestalten und dem ständigen Verkehrslärm säte sie das, was die erste Kleingartenanlage New Yorks werden sollte. Und da, in der gleichen Ecke, steht sie noch heute, obwohl sich alles drum herum, bis auf den Verkehrslärm, verändert hat.

Der Bowery/Houston-Garten wurde der erste legale Garten der Green Guerillas, die Stadt New York verpachtete ihnen das Grundstück für einen Dollar im Monat. Der Garten bekam den anspruchsvollen Namen The Bowery Houston Community Farm and Garden, auf einem frühen Bild sitzt Liz – in engen Schlagjeans, weißem Hemd und einem schicken Kopftuch – zwischen dem Gerümpel im Garten.

Als Erstes wurden sechzig Hochbeete für Gemüse angelegt, gefüllt mit gespendeter Erde. Hinzu kamen Randbeete und Obstbäume. Steine holte man von Abbruchgrundstücken in der Nähe. Als Liz und die anderen einen Baum pflanzen wollten und dafür ein tieferes Loch graben mussten, stießen sie bald auf größere Steine. Als sie die Steine losbrachen, strömte Licht von unten – sie hatten sich durch das Dach des Tunnels der U-Bahn-Linie F gegraben. In den vierzig Jahren, die seither vergangen sind, wurden Redwoodbäume gepflanzt (die jetzt die größten in Manhattan sind), Hängebirken, Wein und eine wilde Wiese. Es gibt sogar einen Teich mit einer Schildkrötenfamilie.

Das Imponierendste an Liz ist nicht, was sie selbst erreicht hat, sondern was andere in ihrem Gefolge gemacht haben. Als die Stadt New York sie an die Spitze eines Grünen Rates berief, erfand sie ein Informationssystem für das Verschenken von Pflanzen und Erde und für praktische Gruppenaktivitäten. Am tollsten finde ich ihren Schnellkurs im Beschneiden, in zwölf Stunden wurde eine Art Bürgergarde von Stadtarboristen ausgebildet. Zu ihrem Erbe gehören, neben dem Liz-Christy-Garten (er wurde nach ihrem Tod so getauft), noch siebenhundert andere Gemeinschaftsgärten, und zwar allein in New York.

Grundkurs im Gemeinschaftsgärtnern

Wohnen Sie in einer Wohnung, haben kein Grundstück und wollen unbedingt gärtnern? Machen Sie es wie Liz Christy und gründen Sie mit ein paar Freunden einen Gemeinschaftsgarten.

- ❧ Rufen Sie die Stadtverwaltung an oder die Park- und Gartenabteilung Ihrer Kommune.
- ❧ Entweder kann man selbst ein Grundstück vorschlagen, oder die Stadtteilverwaltung oder die Kommune macht einen Vorschlag für ein Stück Land zum Gärtnern.
- ❧ Je mehr willige Gärtner*innen es sind, desto größer muss das Grundstück sein, und je weiter weg von der Stadtmitte man sucht, desto mehr Grundstücke gibt es meistens.
- ❧ Wenn man sich auf einen guten Platz geeinigt hat, kann man oft zusätzlich eine Art Starter-Paket bekommen: Palettenrahmen, aus denen man Hochbeete bauen kann, Erde und eine Wasserzisterne, die immer wieder mal aufgefüllt wird. Vielerorts gibt es das alles tatsächlich umsonst.

Dinge, die es zu bedenken gilt

- ❧ Wenn Liz eine neue Fläche entwarf, dachte sie nicht weit in die Zukunft. Einen zeitlosen Stadtgarten von einer Skizze aus zu planen, ist lähmend komplex. Wenn man die Fläche als Provisorium sieht, ist die Aufgabe leichter.
- ❧ Liz empfahl neuen Gemeinschaftsgärtnern, über zwei Dinge nachzudenken: »wir brauchen« und »wir wollen haben« – und davon ausgehend zu planen.
- ❧ Man sollte auch andere Gruppen in der Gegend fragen, was sie haben wollen und brauchen. Ein exkludierender Park stagniert und stirbt! Die Hochbeete

rollstuhlgerecht anzulegen – hoch genug und weit genug auseinander – ist zum Beispiel eine gute Idee.

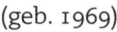 Sitzplätze! Sitzplätze sind ganz wichtig! Am besten für mehr als zwei Personen, damit man zusammen Kaffee trinken und Pläne schmieden kann.

Fritz Haeg

(geb. 1969)

Hass auf Rasen und nahrhafte Beete

Fritz Haeg hegte lange einen Traum: festgenommen zu werden, weil er gärtnerte.

Die größten Stürme brauen sich immer über den kleinsten Teichen zusammen. Niemand kann sich mehr über einander aufregen als biologistische Feministinnen und Dritte-Welle-Feministinnen, die Fans verschiedener Fußballclubs, Punks, die meinen, dass der Punk in den USA geboren wurde, und Punks, die meinen, dass der Punk in Großbritannien geboren wurde. Und es gibt nichts, woran sich der Gärtner und Architekt Fritz Haeg mehr stört als an Rasenflächen.

Seine Wut wird begreiflich, wenn man sein Buch *Edible Estates. Attack on the Front Lawn* liest: In den USA, wo Fritz Haeg wohnt, gibt es etwas, das *home owners associations* heißt. Sie funktionieren ein bisschen wie Eigentümergemeinschaften, nur für Häuser in einer Siedlung, und sie haben nur ein Interesse: den Wert des »Eigentums« zu steigern. In den Statuten ist festgeschrieben, wie die Häuser aussehen sollen, und da gibt es keinen Spielraum für etwas anderes als Rasen.

Keine unordentlichen Beete, kein Gemüse, absolut keine Schädlinge (es wird oft zur Anwendung von Gift ermuntert). Es kommt vor, dass die Farbe und Millimeterlänge des Rasens vorgeschrieben ist.

Für Fritz ist Gärtnern jedoch eine künstlerische Handlung. Er spürt, dass der Widerwille der Gemeinschaften gegen das Gärtnern etwas aussagt über die Gesellschaft, in der wir leben. Seine Antwort, ein gewaltloser Protest, ist, den Rasen umzugraben und ihn durch essbare, oftmals mehrjährige Küchengärten zu ersetzen. Nicht genug damit, dass die neuen Beete phantastisch aussehen, ihre Erzeugnisse schmecken auch noch gut und versorgen die Familie, die im Haus wohnt, mit Nahrung. Und natürlich stört sich mal jemand daran, dass das Gärtnern eine provokative Kunstaktion ist, für die Fritz zu gerne einmal verhaftet werden würde. Aber das Ergebnis ist immer noch ein produktives, ausdauerndes, vegetarisches Buffet – solange das Gemüse gut aussieht, haben alle etwas davon.

Ein bisschen wie ein Missionar fuhr Fritz durch die USA und schuf phantastische Gärten für andere. Hausbesitzer konnten ihren Rasen anmelden, wenn er bestimmten Kriterien entsprach: Das Grundstück sollte in so einer Zuckerwürfelgegend mit einer aktiven Eigentümergemeinschaft liegen, und der Boden sollte relativ frei von Giften sein. Wenn man die Anforderungen erfüllte, kam Fritz vorbei und verwandelte den Rasen in einen essbaren Lustgarten, völlig kostenlos.

Als Fritz fertig war mit seiner rebellischen Rasenmission, machte er weiter mit Flächen, die niemandem gehörten: verlassenen, nicht bebauten Grundstücken überall in Los Angeles. Unter dem Namen Wildflowering LA verwandelte er die wilden slummigen Grundstücke in echte wilde Wiesen mit den Prärieblumen, die früher an den

Orten wuchsen, wo jetzt die Stadt Los Angeles gewachsen ist.

Als ich mich zuletzt bei Fritz gemeldet habe (da ich Journalistin bin, habe ich immer eine Ausrede, meine Idole anzumailen), antwortete er nicht. Ich bekam eine automatische Antwort: »*While entering a settled phase of rural work and life at a new farm/commune project – responses to all inquiries are suspended indefinitely as of October 2014.*«[*]

Es sieht also so aus, als habe Fritz seinen Traum angepasst: vom urbanen Arrest zur Freiheit in einem ländlichen Farmkollektiv. Ich könnte mir keinen besseren Ort für ihn denken oder einen besseren Gärtner für die Umwelt, und ich wünsche ihm viel Glück.

Ein Blumenbeet aus Gemüse anlegen

Dieser Text sollte eigentlich vom Strohballen-Gärtnern handeln, das heißt, man pflanzt etwas in langsam verrottende Strohballen. Auf seinem neuen Bauernhof, der Salmon Creek Farm, hat Fritz eine tolle Anlage: einen großen ovalen Kreis von Strohballen, in denen er fettes Gemüse für die Hippes zieht, mit denen er zusammenwohnt. Ich war jahrelang fasziniert von der Technik und habe fast ebenso lange epische Strohballendesaster produziert. Dieser Text handelt also von etwas anderem, was bei Fritz so einfach aussieht: schöne Beete mit Gemüse anstelle von Blumen.

Früher habe ich mich hauptsächlich für Gemüsebeete interessiert, ich fand, Blumen waren die Antwort der Natur auf das Testbild. Jetzt mag ich Blumen, aber Gemüsebeete

---

[*] »Nach dem Eintreten in eine stetigere Periode der Arbeit und des Lebens auf dem Land mit einem neuen Landwirtschafts-/Kollektivprojekt werden alle Antworten ab Oktober 2014 auf unbestimmte Zeit verschoben.«

haben immer noch unbestreitbare Vorteile. Zum Beispiel im August, wenn die Blumengärtner darüber jammern, dass die Beete so müde und samenschwer aussehen. Für den Gemüsegärtner hingegen ist der August der erste richtige Festmonat.

Hier folgt das Beispiel für ein Gemüsebeet, das Fritz auf einem viereckigen Rasenstück bei seiner Edible-Estates-Aktion in Los Angeles angelegt hat. Die Form dieses Beetes ist viereckig mit zwei Kreisen in der Mitte, wie eine VHS-Kassette. Die eine Längsseite geht an der Hauswand entlang, ein erhöhtes Beet wird überwuchert von essbarer Kapuzinerkresse, die andere zeigt zur Straße. Eine kurze Seite geht zum Nachbarn, die andere zur Garagenauffahrt. Um die beiden »Kreisel« in der VHS-Kassette verlaufen Wege mit runden Steinen, auf denen man gehen kann und damit zum Jäten, Ernten und Düngen von allen Seiten herankommt. Alle Beete sind ein wenig erhöht, mit Kanten aus Ziegelsteinen.

In der Mitte eines jeden Rondells steht ein sogenanntes Bohnentipi: lange Bambusstangen werden im Kreis in die Erde gesteckt und oben zusammengebunden. An den Stangen wachsen lila Stangenbohnen »Purple Queen«, auf dem Boden unter den Bohnen wachsen Kürbis, Gurken und/oder Zucchini (je nachdem, was zum Klima passt). Am Rand des linken Rondells, im schattigeren Teil des Beetes direkt am Haus, wächst fluffiger Fenchel und am Rand des rechten Rondells Grünkohl. Das Viereck – die Außenkante der Kassette – ist von einer Kräuterhecke eingerahmt: Thymian, Rosmarin, Salbei und Oregano in regelmäßigen Intervallen. Innerhalb der Hecke, im sonnigsten Teil des Beetes wachsen Tomaten und Chilis. Das alles, wie gesagt, in Los Angeles, aber wenn man ein richtig warmes Plätzchen hat, kann man mit der Chilipflanze »Anaheim« experimentieren, die sich manchmal im Freien wohlfühlt, und mit italienischen Wintertomaten, Piennolo, die man grün ernten kann und die immer besser werden, wenn sie im Haus nachreifen.

Das letzte Detail in dem Beet von Fritz ist eine höhere Wand entlang der rechten Kurzseite an der Garagenauffahrt. Da wachsen hohe Sonnenblumen und Artischocken (kann man auch durch Topinambur ersetzen) und zwischen den hohen Blumen ein fleißiges Meer von Zwiebeln und blühendem Schnittlauch.

Ron Finley
(noch am Leben)
OG bedeutet Original Gardener

South Central, heute besser bekannt als südliches Los Angeles, ist eine sogenannte Essenswüste – ein Ort, wo es anstelle von Lebensmittelgeschäften Kioske, internationale Fast-Food-Ketten und Schnapsläden gibt. Einer, den das direkt betroffen hat, ist der Gangsta-Gärtner Ron Finley. In einem CNN-Interview sagt Ron: »Schauen Sie sich die Statistiken an – mehr Menschen sterben an den Folgen von drive-throughs als durch drive-bys.« In dieser von Gangs kontrollierten Gegend ist Junkfood tödlicher als Schießereien.

Wie also wehrt man sich, wenn man Gangsta in South Central ist? Nicht mit Waffen, sondern mit einem Spaten.

Deshalb nennt Ron sich Gangsta: Er möchte die Kontrolle über sein Leben zurückgewinnen, in einer Gegend, in der mächtige, fremde Gangs ihn seiner Macht berauben wollen.

Ron begab sich also in die Nachbarschaft und legte in

den Gärten der Leute Gemüsebeete an, ganz umsonst. Dank des warmen Klimas in Los Angeles wächst dort das ganze Jahr etwas, und entlang der Bürgersteige schlingen sich jetzt fröhliche Kürbisse zwischen den hohen Stämmen von Bananenpflanzen.

Rons Gärten schaffen nicht nur Frieden, sie verhindern aktiv Verbrechen (in einer Untersuchung, über die ich in *The Garden* gelesen habe, wurde festgestellt, dass Menschen, die kompostieren, in der Verbrechensstatistik unterrepräsentiert sind). Im Grünen lassen sich Vögel und Schmetterlinge nieder, die Ernte ist gesundes Essen für Menschen mit viel Zeit und wenig Geld. In einem problematischen Stadtteil, in den einmal viele arme Menschen aus dem bäuerlichen Süden gezogen sind, passiert noch viel mehr. Die Gartenkenntnisse, die die ältere Generation noch besitzt und die im Steindschungel nichts wert waren, werden auf einmal wieder kostbar. Eine alte Frau mit Wurzeln in den Südstaaten erzählt, dass sie immer Angst hatte, auf den Basketballplatz vor ihrer Wohnung zu gehen. Aber nachdem Rons Gang da draußen etwa ein Dutzend Mini-Parzellen angelegt hatte, lebte sie auf. Jetzt ist sie im Viertel die mächtige Matriarchin des Gartens.

Ron konzentriert sich oft auf den öffentlichen Boden, den *Parkway*. Zwischen der Straße und dem Bürgersteig gibt es einen Grünstreifen, voller kaputter Toiletten und Chipstüten. Ron hat errechnet, dass die Stadt Los Angeles Boden besitzt, der der Fläche von zwanzig Central Parks entspricht, unter anderem in Form von *Parkways*. Und auf diesen Grünstreifen führt Ron seinen Guerillakrieg.

Als er anfing, auf den Grünstreifen etwas anzubauen, wurde er angezeigt und riskierte eine Gefängnisstrafe, genau wie viele andere Gangster, die ihr Revier verteidigen wollen. Aber Ron weigerte sich, die Gärten aufzugeben. Gesetze sind nicht in Stein gemeißelt. Man kann sie ändern. Und so geschah es. Dank einer Gesetzesänderung sind seine Gangstergärten jetzt rechtens.

In einem Interview bekommt Ron die Frage gestellt, ob er sich selbst als *Underdog* sehe – als jemand, der auf einer schwachen Position kämpft. »Nein«, antwortet Ron geschockt. »Ich bin ein *Superdog*.« Er spricht das letzte Wort mit dem gedehnten Dialekt von Los Angeles aus: *dawg*, genau wie der Rapper SnoopDogg.

»Aber«, fährt der Journalist fort, »du hast den Kampf gegen eine Institution aufgenommen. Und gewonnen!« Ron schüttelt noch einmal energisch den Kopf: »Sie hat den Kampf gegen mich aufgenommen.«

Welche Pflanzen gedeihen in der Stadt?

Es ist gründlich und überzeugend bewiesen worden, dass Pflanzen gut für Menschen und Städte sind. Aber leidende Pflanzen haben den gegenteiligen Effekt: Ungepflegte Beete lassen ein heruntergekommenes Quartier noch schrecklicher aussehen. Also, die Pflanzen, die guerillamäßig in städtischen Milieus wachsen sollen, müssen hart im Nehmen sein. Aber auch die müssen eine ehrliche Chance bekommen. Zu meiden sind: steinhart gestampfte Erde, schattige Hauswände und Boden unter hervorragenden Dächern, wo nie Sonne und Regen hinkommt. Erde, Licht und Feuchtigkeit, das sind die drei Grundbedingungen.

Stadtpflanzen für Dummies

Zwei richtige Rambo-Samen, die auch harte Standorte meistern, ausgestreut von Händen, die noch nie etwas gesät haben:

Königskerze. Der Pionier der Natur! Die Königskerze ist dafür bekannt, zerstörten Boden zurückzuerobern und ihn auch für andere Pflanzen wieder bewohnbar zu machen. Sie verträgt Trockenheit, die wolligen Blätter reflektieren das Sonnenlicht, schützen den Boden und erleichtern es weniger ausdauernden Pflanzen, sich zu etablieren. Außerdem sind die Blätter so groß, dass sie als Schutz für Kleintiere dienen, die Samen mitbringen und sie manchmal im Schatten vergessen.

Lupine. Normalerweise würde ich nie Lupine empfehlen, diesen schrecklichen Marodeur, der sich gerade anschickt, halb Schweden zu verschlucken. Für städtisches Milieu ist sie jedoch gerade aggressiv genug, um durchzukommen. Man sollte nur aufpassen, dass sie nicht in die Natur abhaut.

Stadtgemüse

Gemüse ist empfindlicher als die gerade beschriebenen unkrautähnlichen Blumen. Auch wenn dieser Trupp keine großen Ansprüche hat, wollen sie doch betüdelt werden. Man braucht etwas Erfahrung, wenn man sie in der Stadt anbauen will.

Bohnen. Solange sie nicht zu früh ausgesät werden, sind Bohnen richtige Kämpfernaturen. Rankende Bohnen, wie zum Beispiel Feuerbohnen, sind genauso schön wie Blumen, was besonders gut ist in der Stadt, wo die Pflanzen gerne mehrere Funktionen erfüllen sollen und Schönheit und Nahrung schenken können. Außerdem kann man eine ganze Handvoll Bohnen in die Erde legen, ohne dass sie leiden, was gut ist, wenn die Nachbarn diebische Kleintiere sind.

Minze. Ich nehme das zurück über Gemüse kontra unkrautmäßige Blumen. Minze braucht eine fast so strenge Kontrolle wie Lupinen, damit sie nicht Amok läuft. Man kann sie in einen alten Eimer ohne Boden pflanzen, dann hält sie sich einigermaßen im Rahmen.

Pflücksalat. Schnelles Gemüse ist gut in der Stadt, weil zwischen Aussaat und Ernte so viel Unerwartetes passieren kann. Und den Salat kann man schon pflücken, wenn die ersten Blätter zu sehen sind. Er darf nicht austrocknen, sonst wird er bitter.

Kartoffel. Wächst auch in einem Boden, in dem davor sehr viel Unkraut gewachsen ist.

Ringelblume. Eine einzige Ringelblumenpflanze kann zu einem ganzen Busch werden. Sie blüht hübsch bis spät in den Herbst hinein, man kann leicht Samen gewinnen und aus den essbaren Blüten kann man alles Mögliche machen, von Tee über Bouillon bis Hautcreme (mehr auf Seite 141).

Anna Lindhagen

(1870–1941)
Hallo und danke für die Parzelle!

An einem Sommertag im Jahr 1905 wanderte Anna Lindhagen, die Tochter aus reichem Hause, auf Djurgården umher und hatte einen Plan: Sie wollte ein Stückchen Erde haben, ein Stück vom Boden des Königs, irgendwo am Rand und verlassen, aber doch schön – um dann den

Boden seinen allerärmsten Untertanen zu geben. Der Gedanke war bei ihr eingeschlagen wie ein Blitz, seit sie das erste Mal in Kopenhagen eine Kleingartenparzelle gesehen hatte. Anna schrieb: »Eine Welle starker Freude durchspülte mich. Die Idee der Gartenstadt hatte zwar schon überall durchgeschlagen, aber das verhinderte nicht, dass die Bewohner der Mietskasernen immer ohne Boden bleiben sollten.«

Die Arbeiter der Stadt sollten Boden bekommen, und gemeinsame Fragen der Landwirtschaft in der Stadt sollten gelöst werden. Schon im gleichen Jahr konnte Anna fünfzehn nagelneue Kleingartenparzellen auf dem Königlichen Djurgården (Tiergarten) verteilen. Dann machte sie weiter, Stadtteil für Stadtteil, bis ganz Stockholm voller schöner kleiner Grundstücke war, in denen gegärtnert werden sollte. Als Wladimir Lenin Stockholm besuchte, zeigte Anna stolz ihr Werk, aber er rümpfte die Nase: Die Arbeiter sollten sich der Revolution widmen, nicht der Gartenarbeit. Die erste Kleingartenanlage auf Djurgården wurde Söderbrunn getauft, und fast genau einhundert Jahre später, ehe ich Anna Lindhagens Namen überhaupt gehört hatte, betrat ich sie – und war hingerissen. Nach einigen Jahren auf der Warteliste ging der Traum vom Gärtnern in Erfüllung, und dank Anna machte ich die ersten zitternden Versuche, mein eigenes Gemüse zu ziehen.

Auf den ersten Blick hatte ich nicht sehr viel gemein mit den Stadtgärtnern, die Anna sich vorgestellt hatte. Gegen Ende des 19. Jahrhunderts war Rachitis ein großes Problem. Der starke Vitamin-D-Mangel traf Kinder in der Großstadt, die so lange in dunklen Häusern und Fabriken leben mussten, dass ihr Skelett aufgab. Die armen Leute arbeiteten zwölf Stunden am Tag, Tuberkulose und Polio forderten in Mietskasernen doppelt so viele Todesopfer wie in bürgerlichen Stadtteilen. In diesem Milieu erträumte Anna sich die Kleingärten.

Die Parzellen mussten so nahe an der Stadt liegen, dass man sie nach Fabrikschluss erreichen konnte, und sie mussten groß genug sein, damit man saftiges, gesundes Gemüse anbauen konnte. Anna erinnerten die Kleingärten an die Kohlgärten früherer Zeiten. Aber die Kohlgärten gehörten reichen Leuten mit Gourmet-Ansprüchen, während die Kleingärten denen gehörten, die keinen eigenen Boden geerbt hatten. Dennoch gab es Ähnlichkeiten zwischen den Fabrikarbeitern und mir: Ich arbeitete auch zwölf Stunden am Tag. Mit dem Fahrrad war ich in zehn Minuten vom Büro aus dort, und in hellen Sommernächten fuhr ich hinaus, steckte die Finger in die Erde und atmete tief ein und aus.

Anna wird als unermüdlich beschrieben. Sie reiste in Kriegsgebiete und bewahrte Häuser aus dem 18. Jahrhundert vor dem Abriss, sie kämpfte für die Rechte unverheirateter Frauen und für Menschen auf der Flucht. Sie war eine mächtige Frau in den Korridoren der Macht, obwohl sie keine Ausbildung hatte und (anfangs) auch kein Wahlrecht.

Anna Lindhagens Traum ist noch heute lebendig. Sie verändert heute noch Leben. Ich habe es ihr und der Kleingartenparzelle zu verdanken, dass ich meinen Job kündigte und Selbstversorger mit Knoblauch und Chili bin, und erkannte, dass das gute Leben als Gärtner in greifbarer Nähe ist, nicht nur für mich, sondern für alle Büroklaven in der gleichen Situation.

Gemüsegarten auf Minifläche

Kleingartenparzellen sind oft klein – ganz besonders moderne Parzellen, die oft geteilt wurden, damit mehr Menschen eine bekommen konnten (pfui, ihr Gemeinden, weist lieber mehr Fläche für mehr Kleingärten aus!). Das fordert die Gärtner heraus, aber es weckt auch phantastischen Erfindergeist. Hier sind einige Tricks, wie man viel auf kleiner Fläche anbauen kann.

- Eine kleine Hecke aus Kräutern um jedes Beet pflanzen. Die Hecke gibt eine zusätzliche Ernte, und sie sorgt dafür, dass die nackte Erde ganz außen nicht so schnell austrocknet. Sie hält die Erde an Ort und Stelle und spendet den Gemüsewurzeln am Ende der Reihe angenehmen Schatten.

- Im Quadrat gärtnern statt in Reihen – also mit gleichem Pflanzabstand nach allen Seiten. Man kann den Abstand selbst ausrechnen oder bei *Square Foot Gardening* im Internet nachschauen, wo der Autor Mel Bartholomew ausgerechnet hat, wie viel Rettich, Gurke, Brokkoli und Spinat auf einen Quadratmeter passen.

- Besorgen Sie sich einen kleinen Hocker zum Sitzen – viel einfacher als knien oder sich den Rücken krumm bücken! Ich habe meinen winzigen Melkschemel mit runden, dackelkurzen Beinen direkt bei einem Schreiner gekauft.

- In die Höhe gärtnern. Gurken, Zucchini und Kürbis kann man an Armierungsstäben, Bögen oder Spalieren aus Bambusstöcken hochbinden. Die höchsten Pflanzen sollten möglichst nördlich stehen, dann beschatten sie die anderen nicht so sehr.

- Das Gejätete aufessen. Also: rote Rüben doppelt so dicht säen, wie sie wachsen sollen. Die zu viel gesäten Pflanzen jäten, wenn die ersten Blätter gewachsen sind. Jetzt kann man jede zweite Pflanze herausziehen und ganz verwenden (Blätter und Wurzeln), als Salat oder rasch blanchiert und in Butter geschwenkt.

Die restlichen Rüben können dann wachsen, bis sie groß genug sind.

- Mischkultur – schauen Sie im Internet nach. Mischkultur bedeutet, verschiedene Pflanzen so zu kombinieren, dass sie sich gegenseitig fördern. Zum Beispiel Buschbohnen und Kohl (Weißkohl, Broccoli, Rosenkohl – eigentlich alle Kohlsorten). Die Bohnen wachsen relativ schnell, während der Kohl lange braucht. Wenn die Bohnenpflanzen abgeerntet sind, kann man sie herausziehen, und jetzt hat der Kohl Platz genug. Andere Bespiele sind Salat um den Lauch, Basilikum unter Tomaten und Wermut unter Rosen.

- Säen Sie Radieschen weit auseinander in die gleiche Furche wie Karotten. Die Radieschen wachsen schnell, die Möhren langsam, und wenn man dann die Radieschen erntet, zieht man automatisch zu viel gesäte Möhren heraus.

- Säen sie immer weiter. Oder wenigstens bis Anfang / Mitte Juli, auch wenn man das Gefühl hat, dass der Sommer vorbei ist. Das ist er nicht. Säen Sie Radieschen, die kann man schon nach ein paar Wochen ernten. Aber auch Karotten und Rote Beete, die sehr viel länger brauchen, aber die kann man ernten, bis der Frost sie in der Erde einbetoniert. Säen Sie schnellen Koriander und langsame Petersilie, sie werden vielleicht nicht mehr sehr groß, dafür können sie bis ins folgende Jahr überleben.

- Bleichen Sie den Löwenzahn im Rasen. Fangen Sie im Frühjahr an und bedecken Sie die Pflanze mit einem Eimer, einem Blumentopf oder einem Teller. Warten Sie, bis die Blätter gelb gebleicht sind und machen Sie daraus einen Salat mit einer französischen Senfvinaigrette. Wenn Sie den Eimer wieder auf die Pflanze stellen, stirbt sie irgendwann.

❋ Säen Sie Wintersalat und Pak Choi in Töpfen im Freien, wenn noch Schnee liegt. Sie werden wachsen, wenn sie soweit sind, und das ist viel früher als man denkt. Wenn man durchsichtige Plastiktüten mit kleinen Löchern über die Töpfe stülpt, muss man sie auch nicht gießen.

❋ Säen Sie immer wieder. Wenn man immer ein paar Töpfe mit ausgesätem Salat hat, kann man Lücken im Beet füllen, die durchs Ernten entstehen.

❋ Säen Sie perennierenden Rucola anstelle des einjährigen. Dieser Salat ist eines meiner Lieblingsgemüse. Perennierender Rucola kommt immer wieder, ganz zeitig im Frühjahr, und man kann ihn den ganzen Sommer über ernten, weil er nicht so schnell blüht wie der einjährige. Das ist auch der einzige Rucola, den ich in einem Beet anbauen konnte, in dem Erdflöhe alle anderen Kreuzblütler total niedergemacht haben.*

---

* Alle Kohlgewächse sind Kreuzblütler oder Krucifera. Das bedeutet, die Blütenblätter wachsen wie ein kleines Kreuz. Kreuzblütler sind gerade bei Erdflöhen besonders beliebt. Die Flöhe knabbern an den Pflanzen, was diese stresst und sie deshalb sehr früh ihre gelben Blütenkreuze treiben, und das genau will man nicht bei Gemüse wie Rucola, Broccoli, Blumenkohl und anderen Kohlpflanzen.

Monty Don

(geb. 1955)

Der Gartenträumer

Den Namen Monty Don hörte ich zum ersten Mal im Kleingarten des Autors und Gartenhistorikers André Strömqvist. Wir saßen zwischen dem Kompost und dem frisch gepflanzten Mispelbaum – der Früchte bekommt, die ein bisschen überreif sein müssen, bevor man sie essen kann (mehr auf Seite 156), – und ich hatte ihn gerade gefragt, wer sein gärtnerisches Vorbild sei. »Montidom«. In meinen Ohren klang das wie ein Geräusch, wie eine Art Roboter oder Transformer und nicht wie ein Gärtner. Seither habe ich diesen monochromen Engländer (ich nehme an, dass die vielen Stunden in der Sonne, während er die Sommerfolgen seiner Serie *Das Gartenjahr* aufzeichnet, dazu führen, dass Haare, Haut, Lippen, Wimpern die gleiche lederartige Farbe annehmen) als einen der nachdenklichsten, sparsamsten und respektvollsten Gärtner, den man im Fernsehen sehen kann, kennengelernt.

Ich hasse es, Pflanzen wegzuwerfen. Alles, von selbst ausgesäter Akelei bis zu Brennnesseln, versuche ich, irgendwo unterzubringen. Ich mag deshalb besonders gern andere Gärtner, die es genauso machen. Wie Monty (sein Taufname ist gemeinerweise Montagu), der in einer Julifolge von *Das Gartenjahr* ein großes Büschel ganz gewöhnliches Silberblatt aus einem Beet gräbt, es hochhält, sich windet und schließlich sagt: »Werfen Sie das nicht auf den Kompost, wenn Sie wirklich nirgendwo in Ihrem Garten einen Platz dafür finden: Schenken Sie es Freunden, verkaufen Sie es auf dem Flohmarkt, verschenken Sie es für einen guten Zweck.« Dafür mag ich ihn besonders gerne.

Was ich auch nicht leiden kann, sind Gartenprogramme im Fernsehen mit Pornofilm-Musik. Oder, noch schlimmer, Deep House. Nur weil man sich für Gärten interessiert, sind doch nicht alle anderen ästhetischen Sinne abgeschaltet. Im Hintergrund von fast allen Fernsehsendungen hört man einen ständigen Strom von urheberrechtlich nicht geschützter Aufzugsmusik.

Natürlich kann Monty nicht selbst seinen Soundtrack aussuchen, aber ich genieße es dennoch, wenn er seine Duftgeranien zu den Klängen von Canned Heats »Going up the Country« umpflanzt.

Monty ist ein richtiger Garten-Nerd, aber er ist auch ein nicht ausgebildeter Amateur und scheint sein Können direkt aus der Erde zu saugen, um es hinterher wieder hineinzustecken. Wenn er etwa erzählt, dass Tomaten und Basilikum gerne zusammen wachsen, nicht weil beide aus der Mittelmeerregion kommen, sondern aus einem subtropischen Klima, Ostindien beziehungsweise Südamerika. Mit dieser Art von Information versteht man doch genau, wo sie sich wohlfühlen, oder? In feuchter Wärme und nicht in griechischer sonnenverbrannter Lavendelhitze.

Obwohl er selbst ein Autodidakt ist, wünscht Monty sich, dass die Gartenausbildung für die Massen zugänglich wäre. Einmal, bei einem britischen Gartenfestival, sagte er, Gartenkenntnisse sollten verbindlich für alle sein. Und auch wenn Zwang mich – und viele andere – eher widerspenstig und unwillig macht, bin ich sicher, wenn Monty unser Lehrer wäre, dann würden alle aufmerksamst zuhören.

Als ich André Strömqvist eine Mail zu diesem Text schicke, um sicherzugehen, dass ich nichts falsch verstanden habe oder seine Liebe zu Monty erkaltet ist, antwortet er: »Ich werde ihn nie hassen! Er ist der Beste. Als wir in Chelsea [Flower Show] waren, saß er im Aufnahmestudio der BBC, und als er hochschaute und winkte, brach Jubel aus.«

Also ein echter englischer Superstargärtner.

Montys Lauchtrick

Wie wir alle wissen, kann man auch das Grüne vom Lauch essen. Aber das hindert Gärtner auf der ganzen Welt nicht daran, Lauchstängel mit möglichst langen weißen Hälsen zu ziehen. Monty Don hat einen sicheren Trick, wie man das hinbekommt:

- Man sät den Lauch zeitig im Frühjahr im Haus in kleine Töpfe.
- Wenn die Pflanzen groß genug zum Auspflanzen sind, gewöhnt man sie ans Freie. Man nennt das abhärten, und das funktioniert so, dass man tagsüber die Töpfe ins Freie stellt, geschützt vor starkem Sonnenlicht und Wind, und sie nachts wieder hereinholt. Das macht man ein paar Tage / eine Woche.
- Soweit alles wie immer, aber jetzt kommt Montys Trick: wenn es an der Zeit ist, die Pflanzen ins Gemüsebeet zu setzen, gräbt man besonders tiefe, schmale Pflanzlöcher. Dann lässt man die kleinen Lauchpflanzen in die Pflanzlöcher fallen. Reichlich wässern, damit die Wurzeln sich mit der Erde auf dem Grund vermischen, aber nicht mit Erde auffüllen. Wenn der Lauch wächst, füllt er allmählich das Loch aus und wird bleich vom Schatten da unten.

Lauch recycelt

Lauch wird im Spätherbst geerntet, indem man die ganze Pflanze aus der Erde zieht. Eigener Lauch wächst besonders schön, mit vielen blaugrauen Blättern wie ein Schwall Haare. In der asiatischen Küche unterscheidet man die beiden Teile: das Grüne wird gekocht, das Weiße in feine Streifen geschnitten und roh gegessen. Aber das muss noch nicht das Ende des Lauch-Festes sein. Selbstgezogener Lauch hat oft ein großes Büschel Wurzeln, sogar gekaufter kann noch ein paar Wurzeln haben. Wenn man das Grüne und das Weiße aufgegessen hat, nimmt man das Ende mit den Wurzeln und setzt es in einen Topf mit Erde. Gießen und eine Plastiktüte mit kleinen Luftlöchern darüberstülpen. Bald zeigen sich neue Blätter, die man abschneiden und aufs Brot streuen kann.

Carl von Linné

(1707–1778)

Das Genie, das alles taufte

Bekanntlich gibt es Leute mit einem so hohen Status, dass sie nur einen Vornamen brauchen: Robyn, Madonna, Prince, der König. Bei Botanikern ist das auch so, allerdings mit dem Nachnamen. Wenn in Kräuterbüchern Namen wie Parkinson, Evelyn und Plinius auftauchen, weiß man, wer sie sind. Aber es gibt einen Botaniker, der nicht einmal einen Nachnamen braucht. Wie ein heimlicher Schwarm im Tagebuch eines Teenagers braucht er nur einen Buchstaben.

L.

So steht Carl von Linné fast auf jeder Seite in den Kräuterbüchern, als kleiner Gruß aus dem 18. Jahrhundert, hinter all den Pflanzen, die er entdeckt, klassifiziert und benannt hat.

Carl von Linné ist einer von Schwedens größten international bekannten Promis, und er wusste unglaublich viel. Er wusste viel über Latein und über Samen und über Affen (sein Haustier, zusammen mit einem Waschbären). Er wusste viel über Geographie und Astrologie und Steine. Er wusste viel über Sex und Vermehrung, was die Leute im 19. Jahrhundert, gar nicht zu reden von den fünfziger Jahren, hätte ohnmächtig werden lassen. Und er entdeckte auf seinen Reisen nicht nur die Welt, er vergrößerte sie auch für andere. Sein Haus in Uppsala, genau wie sein Sommerhaus, trieft geradezu von Wissen. Dort gibt es vergoldete Statuetten, die Wände bedecken Schautafeln anstelle von Tapeten. Ich stelle mir vor, dass er hier seine Lehrlinge und Pflanzenjägerkollegen versammelte, die genauso aus dem Dschungel wie aus Lappland kommen konnten. Ich stelle mir vor, wie sie ihm ihre Funde zeigen: Pflanzen, Tiere, Steine von ganz unterschiedlichen Orten, die noch nie im selben Raum gesehen worden waren, von den gleichen Menschen.

Als ich Linné treffe, hängt er in der Galerie de Botanique in Paris. Also nicht er selbst. Er hängt im Museum in Form einer kleinen Kamee, ganz am Ende einer Vitrine, die so lang ist wie das Gebäude. Ich blinzle, um seine langen 18.-Jahrhundert-Locken zu erkennen, und denke, das ist schon ein sehr kleines Porträt, wenn man bedenkt, dass er so ziemlich alle Pflanzen in der Vitrine getauft hat. Aber als ich zurückgehe, stelle ich fest, dass Carl, mit Ausnahme einiger alter Griechen, der einzige Ausländer im ganzen Museum ist. Ich glaube, das ist der Beweis dafür, dass Linnés Wissen ihn zu dem am meisten respektierten Schweden der Welt gemacht hat – so bekannt, dass er in Frankreich neben Franzosen hängt.

Und ich würde nicht im Traum daran denken, seinen Namen in den Schmutz zu ziehen.

Aber manchmal finde ich, dass es lustiger ist, über das nachzudenken, was er nicht wusste. Wie zum Beispiel, als er jemandem, der keinen Kater hatte, vorschlug, er solle seine Katze sich an einer Katzenminze reiben lassen, damit es Katzenjunge gab. Oder dass er glaubte, die Riesen wohnen in der Antarktis und die Schwalben überwintern auf dem Meeresgrund.

Diese Dinge machen Linné nicht weniger wichtig. Im Gegenteil. Genau das lässt einen begreifen, wie unglaublich es war, dass er in einer Zeit, in der das meiste allgemeine Wissen Kokolores war, so klar sehen konnte. Dass sein Fokus so weit war, seine Aufmerksamkeit so total, dass es ihm gelang, durch die Nebelschleier seiner Zeit bis zum eigentlichen Wesen der Natur zu schauen.

Pflanzenlatein

Der Name Linné ist auf der ganzen Welt verewigt, weil er die Pflanzenwelt auf wohlorganisierte Weise benannt hat. Er räumte das grüne Durcheinander, das die Natur bis dahin war, auf. Er unterschied die Familien mit Hilfe von Vornamen und verteilte Artattribute als Nachnamen. Die Natur wusste natürlich schon immer, was was ist, aber dank Linné konnten das nun auch andere nachvollziehen. Als Sprachen verwendete er Latein und Griechisch, in den Wörtern gibt es wertvolle Hinweise zu den Eigenschaften der Pflanzen. Hier folgen einige meiner Favoriten:

Alba. Weiß. Gut zu wissen, wenn man auf der Suche nach der weißen Variante einer Blume ist, die oft sehr farbig ist, wie zum Beispiel *Digitalis purpurea* ›Alba‹, ein weißer Fingerhut. Latein wird in alle möglichen Richtungen gebeugt, aber wenn man sich mit sehr grundlegenden Kenntnissen zufriedengibt, dann reicht es meistens, wenn der Anfang des Wortes richtig aussieht, ob die Endung dann -a oder -us, -ae oder -um ist, das spielt keine so große Rolle.

Amorphophallus. Aus dem Griechischen *amorphos*, miss-gebildet oder formlos, und *phallos*. Ein großer Favorit, vor allem in Kombination mit dem Nachnamen *titanum*: riesen-großer, formloser Penis. Die Pflanze Amorphophallus tita-num, die genauso aussieht wie sie heißt, wurde von David Attenborough in Titan arum umgetauft, der wissenschaft-liche Name wurde fürs Fernsehen als zu vulgär angesehen. Auf Deutsch heißt sie Titanwurz.

Atropa. Nicht essen! Dieser Vorname wurde von den Töch-tern der Nacht geliehen, den drei Schicksalsgöttinnen in der griechischen Mythologie. Die unvermeidliche Atropos trug einen schwarzen Schleier und eine Schere, ihre Aufgabe war es, den menschlichen Lebensfaden durchzuschneiden, genau wie *Atropabelladonna* alias Schwarze Tollkirsche.

Labiatae. Diesen Familiennamen mag ich aus offensicht-lichen vulvischen Gründen. *Labium* bedeutet Lippe, und wenn man noch ein -atus hinzufügt, was auf Lateinisch -förmig oder -artig bedeutet, hat man lippenförmig.

Odorata. Riecht gut. Gut zu wissen, wenn man eine duften-de Pflanze sucht, die auch Verwandte hat, die nicht sonder-lich duften, wie zum Beispiel *Lathyrus odoratus*, Duftwicke, oder Viola odorata, Duftveilchen.

Officinalis. Diese Pflanze kann man essen, und sie hat ver-mutlich medizinischen Wert. Officinalis wird als Nach-name verwendet (wie in *Calendula officinalis*, Ringelblume) und bedeutet ungefähr »etwas, das zum *officina* gehört«, das war der Lagerraum im Kloster, in dem die Medizinpflanzen aufbewahrt wurden.

Karin Berglund

(geb. 1937)
Schwedens mächtigste Wortwirtin

I ch war das erste Mal zur Afterparty der großen Gartenmesse in Stockholm eingeladen. Ich trug Bondage-Pumps von Ann Demeulemeester, löchrige lange Unterhosen, einen Strickpulli mit Horrorfilm-Motiv, und mir war schwindelig vor Erwartung. Das Fest war mein größter Traum. Lauter Gartenpromis, auf der Fensterbank standen Geranienstecklinge, der Wein floss in Strömen, und ich konnte mit meinem gärtnerischen Idol über mehrjähriges Gemüse sprechen. In einer Ecke saß eine Frau, die vor Autorität strahlte. Wenn sie durch den Raum ging, teilte sich die Menge. Wenn sie sich auf einem Stuhl niederließ, war sie sogleich von hübschen jungen Mädchen umgeben, die ihr Glas nachfüllten und mit glänzenden Augen ihren Worten lauschten. Wenn Besteck auf den Boden fiel, wurde es diskret ausgetauscht, wenn ein Glas umfiel, wurde es wieder aufgestellt, bevor jemand etwas merkte. »Das da drüben«, sagte mein Idol, »ist Karin Berglund.« »Wer?«, fragte ich, starrte sie an und stopfte mir Chips in den Mund. Mein Idol schaute mich an mit einem Blick, als hätte ich gefragt, was denn das für eine große gelbe Lampe sei, die jemand an den Himmel gehängt hat.

Um mich nicht wieder schämen zu müssen, ging ich

schon am nächsten Tag in die Bibliothek und lieh Karins Bücher *Så i ruta* (Im Viereck säen) und *Med fingrarna i jorden* (Mit den Fingern in der Erde) und erkannte schnell: Karin Berglund ist tatsächlich die gärtnerische Entsprechung der großen gelben Lampe am Himmel.

Im nächsten Jahr ging ich zum gleichen Fest, zusammen mit meiner Freundin Agnes – offiziell ist sie Designerin, insgeheim jedoch Duftwickenliebhaberin. Wir hatten kaum den Raum betreten, da wurde Agnes blass, sie packte mich am Arm und hauchte: »Karin ist da!« Als sie sich beruhigt hatte, erzählte Agnes, dass Karin ihr größtes Idol seit Kindesbeinen sei, seit ihr mit dem Buch *Din trädgård* (Dein Garten) die Gärtneraugen geöffnet worden waren (später am Abend erzählte sie das auch Karin selbst).

»Sie *weiß*, wie man es machen muss«, fuhr Agnes fort, »aber sie verkündet es nicht. Bei ihr geht es nie darum, etwas richtig oder falsch zu machen.« Wir sprachen weiter über Karin, über das Dunkle in ihrem Gärtnern, wie man vielleicht so wird, wenn man sich viel mit Gärten beschäftigt. Die Bewusstheit des Todes gewissermaßen. Wie alles wächst, blüht. Stirbt, verrottet. Und wieder aufersteht. »Vielleicht«, fügte Agnes noch hinzu, denn sie mag auch empfindlichere Pflanzen, die nach einem harten Winter nicht brav wiederauferstehen.

Karin sieht in alldem die Schönheit. In *Odla med Pi* (Gärtnern mit Pi) verkündet sie mit schallender Autorität, dass ein Garten nicht perfekt sein muss. Bei einem Vortrag erzählt sie von einem Zusammentreffen mit Göran Greider, einem bekannten schwedischen Schriftsteller und Journalisten, der vor allem Unkraut zieht. In einem Buch beschreibt sie das hübsche weiße Skelett von getrockneten Maiglöckchen. Sie selbst sagt, sie sei keine Untergangsromantikerin, aber es ist ganz offensichtlich, dass sie die Natur respektiert, trotz der wilden und makabren Anteile, die so viele Menschen abschrecken. Sie macht poetische Bilder mit Hilfe einer aussterbenden Fototechnik. Sie beobachtet ein ganzes Jahr lang eine Saatkartoffel, nur um zu sehen, was passiert. Legt die Kartoffel auf die Fensterbank und verfolgt die Entwicklung (das Ergebnis ist eine Art Bergtroll, ein vorchristliches Wesen, das hinter Karins zarten Gardinen nach draußen starrt). Und sie sieht Buschwindröschen einen Abhang herabfließen. So wird, wenn man sich darauf einlässt, durch Karins Augen zu sehen, auch das einfachste Blumenbeet zu einem dramatischen Schauspiel.

Linné-Tagetes

Karin Berglunds Interesse am Gärtnern begann als Protest: Sie arbeitete als Journalistin und kümmerte sich um den internationalen Handel mit Rohstoffen und Grundnahrungsmitteln. Sie beschrieb, wie einige wenige Unternehmen – oft in Privatbesitz, oft amerikanische – die Macht über die Lebensmittelketten hatten (und haben). Von Samen und Erde, über Pflanzenschutzmittel und Kunstdünger, bis zur Veredlung, den ganzen Weg bis auf den Teller. Große Städte haben vor der Belagerung kapituliert, mit der diese Firmen drohen können. Es wurden schon mit weniger Macht Kriege gewonnen. Keine nette Gesellschaft, wenn man von ihnen abhängig ist, das war klar. Die Lösung für Karin bestand darin, ihr Gemüse selbst anzubauen.

Ziemlich genau eine Generation später fing auch ich an zu gärtnern, aus den gleichen Gründen.

Karin hat anfangs hauptsächlich Lebensmittel angebaut, aber sie hat sich weiterentwickelt, weg von den Gemüsebeeten in die mehr ätherische Welt der Blumen. Eine von Karins Lieblingsblumen ist die Linné-Tagetes. Tagetes, diese bäuerliche, alltägliche, banale, nichtssagende Blume gehört inzwischen auch zu meinen Lieblingsblumen. Und Linnés Tagetes ist wirklich eine der besten: einfach und bescheiden, aber mit stolzem Wuchs und zwischen rot und gelb changierenden, samtigen Kronblättern, die nach einem Sommerregen ganz besonders leuchten. Sie heißt eigentlich Samttagetes, hat jedoch den Kosenamen Linné-Tagetes bekommen, weil sie ursprünglich von Karins Idol Carl von Linné in Hammarby in der Nähe von Uppsala gezogen wurde. »Wenn meine auserwählte Tagetes, meine Samtrose, ihre hübschen braunroten Blüten öffnet, dann ist das wie ein Gruß von Linné«, schreibt Karin in ihrem Buch *Det var en gång en trädgård* (Es war einmal ein Garten).

Sie berichtet auch, dass es Carls Klon von dieser Blume in Uppsala nicht mehr gibt. Die Pflanzen, die jetzt dort wachsen, wurden in den zwanziger Jahren wieder eingeführt, und Karins Samen stammen von dort. Ich habe meine von einem netten bärtigen Onkel aus dem revolutionären Samen-Verein Sesam bekommen. Ich säe sie jeden Sommer. Manchmal sind sie nicht ganz sicher, ob sie wachsen sollen oder nicht – es ist schon vorgekommen, dass ganze Saatkistchen leer blieben, bis auf eine Linné-Tagetes. Jetzt lasse ich die Samen vorkeimen, bevor ich sie säe, dann weiß ich genau, wie viele Töpfe ich brauche. Es reicht dann auch ein Samen pro Topf, und ich muss mich auch nicht entscheiden, ob ich lieber jäte oder drei Wurzelsysteme, die sich in einem viel zu kleinen Topf total ineinander verfilzt haben, auseinander zupfe (ich warte ja auch immer drei Wochen zu lang, bis ich meine Pflänzchen auspflanze).

Ich mache es so: Erst weiche ich die Samen ein, in einem Glas Wasser, das ich über Nacht auf die Heizung stelle. Am Morgen schütte ich das Wasser ab und lege die Samen auf Küchenkrepp, den ich dann wieder in das Glas fummele.

Ich feuchte den Krepp an, befestige ein Stück Klarsichtfolie mit ein paar Luftlöchern über dem Glas und stelle es warm. Wenn die Samen platzen und den ersten kleinen Trieb zeigen, hole ich sie heraus und setze sie etwa einen Zentimeter tief in einzelne Töpfe mit Anzuchterde. Ich pflanze sie aus, wenn kein Frost mehr zu erwarten ist, ans Ende einer jeden Reihe im Gemüsebeet. Linnés Tagetes bildet eine zarte, buschige Hecke, die von allerlei Nutzen ist. (Je nachdem, wen man fragt, kann Tagetes gemeine Insekten fernhalten, die Tomatenernte verbessern, Nematoden* aushungern, Viren verhindern, weiße Fliegen im Gewächshaus fernhalten und auch mal einen Schneckenangriff überstehen.) Die Hecke blüht zuverlässig und reichlich den ganzen Sommer und liefert feuerrote, schöne, medizinisch duftende Sträuße für den Küchentisch.

Buchtipps

- Monty Don: *Genial gärtnern. Biologisch und naturnah.* 2011.
- Richard Bird: *Gärtner-Latein. Von den Geheimnissen der Pflanzennamen.* 2016.
- Richard Reynolds: *Guerilla Gardening. Ein botanisches Manifest.* 2010.
- Folko Kullmann: *Square Foot Gardening. Das Grüner-Daumen-Konzept.* 2014.

* eine Art Fadenwürmer, oft mikroskopisch klein, die auf Tieren und Pflanzen parasitieren.

Wenn aus Gemüse Kunst wird

Ich bin ein bisschen empfindlich, wenn behauptet wird, Gemüse anzubauen sei ein Trend. Es geht doch bei allem – auf jeden Fall bei fast allem – um die Perspektive. Menschen haben immer Nahrungsmittel angebaut. Wenn man die zeitliche Perspektive ein klein wenig verändert, dann sieht es so aus, als ob der Industrialismus und das Nicht-Gärtnern der kurze, flüchtige Trend sei, der jetzt einknickt. Die amerikanische Juristin Michelle Obama (geb. 1964) wird als überzeugendes Beispiel dafür herangezogen, dass Gemüseanbau wieder in ist und es bleiben wird. Acht Jahre lang hat sie ihr eigenes Gemüse angebaut, auf dem vielleicht am besten bewachten und teuersten Stückchen Erde in den ganzen USA: dem Rasen des Weißen Hauses.

Ihr Gemüsebeet war eine Referenz an den Victory Garden der Politikerin Eleanor Roosevelt, einer der vielen Kriegsgärten, die angeblich die Alliierten vor dem Hungertod bewahrt und den Sieg im Zweiten Weltkrieg gesichert haben. 1942 baute die halbe zivile Bevölkerung in Großbritannien die eigene Nahrung selbst an, und so konnte das Inselreich den Bedarf an mit Schiffen importierten Lebensmitteln halbieren.

Im Jahr vor Kriegsende erfand die amerikanische Schriftstellerin Ruth Stout (1884–1980) eine Anbaumethode, die es ihr erlaubte, komplett selbstversorgend zu leben. Sie mulchte (mehr darüber auf Seite 131) ihr Gemüse, und so gelang es ihr, in einem Klima, das dem in Schweden ähnlich ist, das anzubauen, was sie aß. (Sie war allerdings keine sehr wählerische Lady, die vermutlich keinen einzigen Tag in ihrem Leben gejammert hat. Es gibt etliche Details in ihrer Kost, die wohl nicht jedem schmecken.)

Der Gärtner Nils Åkerstedt (geb. 1925) ist die schwedische Ausgabe von Ruth Stout, allerdings noch rabiater. Er mulcht auch und hat die Methode genauso zufällig entdeckt wie Ruth. Aber im Unterschied zu ihr braucht er nicht einmal mehr Erde, er pflanzt direkt in feinen Kies. Eine ebenso inspirierende Gärtnerin und dazu eine, die den Krieg dank ihres Gemüsebeets überlebt hat, ist die norwegische Schriftstellerin Annemarta Borgen (1913–1988). Sie fischte, gärtnerte, kochte, malte, liebte und las Beschwörungen, alles auf ihrer ganz eigenen Insel.

Und dann gibt es natürlich immer solche, die es übertreiben müssen: Der Küchengärtner und Agronom Jean-Baptiste de la Quintinie (1626–1688) versorgte nicht nur sich selbst, sondern den gesamten französischen Hof. Und der Filmstar Isabella Rossellini (geb. 1952) versorgt ein paar feine Restaurants in New York.

Unter den vielen jüngeren Gärtnern, die gerade die Bahnbrecher früherer Zeiten wieder entdecken und selbst die Entwicklung vorantreiben, ist der dänische Bauer und Fernsehmoderator Frank Erichsen (geb. 1983) einer der großen Stars. In der gleichen Generation und mehr als selbstversorgend mit Gemüse ist der Gärtner Anders Stålhand (geb. 1984): der Supergärtner, der jetzt Chef des Botanischen Gartens in Göteborg ist.

Michelle Obama

(geb. 1964)

Große Politik und riesiges Gemüse

D as Weiße Haus, in dem Michelle Obama zwischen 2009 und 2017 wohnte, hatte immer einen Küchengarten, fast seit der Zeit, als es gebaut wurde. Eleanor Roosevelt, die dort während des Zweiten Weltkriegs wohnte, legte einen Kriegsgarten an. Es war einer von Millionen Küchengärten, die geschaffen wurden, weil der amerikanische und der britische Staat seine Bürger dazu aufforderten, und die später zu Siegergärten umgetauft wurden. Es gab Zeiten, da kamen ganze vierzig Prozent des Gemüses in den USA aus Kriegsgärten. Aber nicht einmal Eleanors Garten war so groß wie der, den Michelle im Frühjahr 2009 umgraben ließ.

Den perfekten, historischen Rasen des Weißen Hauses umzugraben, war nicht ungefährlich. Noch imponierender wird die Entscheidung, wenn man weiß, dass Michelle noch nie zuvor gegärtnert hatte. Okay, ihr stand ein Trupp privater Köche zur Verfügung. Und ein eigener Gärtner. Aber ich verstehe, dass sie nervös war, als sie mit dem Spaten in der Hand an der Südseite des Weißen Hauses ins Freie stiefelte. Genauso misstrauisch und nervös wie man selbst jedes Frühjahr ist, bis die Natur ihre Magie unter Beweis stellt, indem sie etwas so total Schlichtes macht und einen kleinen Samen in eine große Pflanze verwandelt. Der Unterschied zwischen den eigenen Versagensängsten und denen von Michelle ist, dass die halbe Welt ihr und ihrem Garten zuschaute. Die Medien waren vor Ort. Riesige Firmen hatten ihr Briefe geschickt und Druck ausgeübt, dass sie Gift und Kunstdünger verwenden solle. Um sie herum standen dreiundzwanzig rosige Schulkinder, die erwartungsvoll blinzelten, mit dem Traum einer ersten Ernte in den glänzenden Augen. Ein Stück weiter weg, in der örtlichen Suppenküche, hatte man den obdachlosen Stammkunden ein Erntefestmahl versprochen. Das phallische Washington-Monument betrachtete das Ganze mit unheilschwangerem Schweigen.

Michelle nahm ihren Spaten und sagte zu ihrer Familie, den Köchen, dem Gärtner, den dreiundzwanzig Schulkindern und allen anderen, die herumstanden, dass sie mit dem Umgraben anfangen sollten.

Und, wie lief es dann? Pah, es ist Michelle Obama – natürlich lief es super! Ein paar Monate später, auf einem Foto aus dem ersten Herbst, posiert ein Schulmädchen mit einem Salatkopf, der so groß ist wie ihr eigener. Ihre Freundin hält eine Fenchelknolle in die Höhe, die so groß ist, dass der Küchenchef des Weißen Hauses einen Schritt zur Seite machen muss, damit er nicht verdeckt wird. Pappkartons stehen bereit und warten darauf, gefüllt und zur Suppenküche gebracht zu werden, eine große Ladung riesiger Süßkartoffeln und roter Zwiebeln. Die gesamte Ernte wog über dreihundert Kilo.

Nach dem ersten Herbst wurde die Ernte jedes Jahr größer. Die wogenden, blühenden Gemüsebeete wurden ausgeweitet. Die nackte Erde wurde mit Stroh bedeckt, das vor den Regengüssen des Frühjahrs und der Trockenheit des Sommers schützte. Einer der Schreiner des Weißen Hauses, der selbst Imker war, installierte Bienenstöcke und braute ein mit Honig gesüßtes Weißes-Haus-Bier. Die Familie Obama konnte frischen Koriander und exotische Tomatillos ernten, die die philippinisch-amerikanische Küchenchefin Cristeta in die mexikanischen Lieblingsgerichte der Familie verwandelte. Es wurde die ganze Zeit ohne Kunstdünger und Gifte gegärtnert, trotz Druck und Krokodilstränen.

Im Januar 2017 zog Michelle endgültig aus. Die Zukunft des Küchengartens ist ungewiss. Aber dennoch ist Michelles Traum, mit einfachen Mitteln ihrer Familie und ihrer Umgebung neue und bessere Lebensmittel zu schenken, in Erfüllung gegangen. Sie hat die Schlacht gewonnen. Jetzt müssen wir anderen nur noch die restlichen Siegergärten anlegen.

Wer sind die drei Schwestern?

Michelle Obamas Garten war voller historischer Referenzen. Nicht nur auf Eleanor Roosevelts Garten, sondern auch auf Präsident Jefferson und auf traditionelle Techniken, die von der amerikanischen Urbevölkerung entwickelt worden waren. Eine dieser Methoden heißt Drei Schwestern.

Die drei Schwestern bestehen aus Mais, Bohnen und Zucchini. Das Beet sollte quadratisch und an einem warmen, geschützten Platz sein. Der Mais wird im Frühjahr im Haus gesät und ausgepflanzt, wenn das Frühjahr in den Sommer übergeht.

Neben jede Maispflanze drückt man ein oder zwei Bohnen in die Erde, und in die Mitte setzt man die Zucchinipflanze. Der Mais wächst hoch und stark und bildet das Klettergerüst für die Bohnen. Die Bohnen binden Stickstoff in der Luft, der sich im Boden in Nahrung verwandelt und der hungrigen Zucchini hilft, satt zu werden. Die Zucchini beschattet mit ihren überdimensionierten kräftigen Blättern den Boden und schützt ihn vor dem Austrocknen durch Sonne und Wind, was den empfindlicheren Bohnen und dem Mais gefällt. Wie drei Schwestern, die in Gegenwart der anderen stärker werden.

Wenn alles läuft, wie es soll, wird das Viereck ein richtiger Dschungel. Im Herbst, wenn die zarten Maiswedel im Wind flattern, kann man die Hand zwischen die hohen Stämme stecken und große Hände voller Bohnen herausholen, während die Zucchini sich im Schatten unter den Blättern verstecken und schneller anschwellen, als man mit dem Ernten nachkommt.

Was zu bedenken ist

Die Bohnen sollten Stangenbohnen sein, etwa Feuerbohnen oder die »Blauhilde« mit blaulila Hülsen. Der Mais sollte eine hochwachsende Sorte sein, damit die Bohnen daran ranken können. Mais fühlt sich im kühleren Klima nicht unbedingt wohl, und wenn die Bohnen schneller wachsen als der Mais, muss man ihnen Bambusstäbe als Rankhilfe geben, bis der Mais groß genug ist. Wenn man ganz historisch sein will, nimmt man alte amerikanische Maissorten wie den Regenbogenmais »Painted Mountain«, dessen Körner verschiedenfarbig sind, der Kolben also regenbogenfarbig. Und wenn der Mais nicht reif wird, ist das auch nicht schlimm. Im Gegenteil. Unreife Maiskolben sind Mini-Mais. Man kann sie blanchieren und dann im Wok mit Ingwer, frischem Chili, Szechuanpfeffer und dünn geschnittenen Rädchen Lauch braten.

Ruth Stout

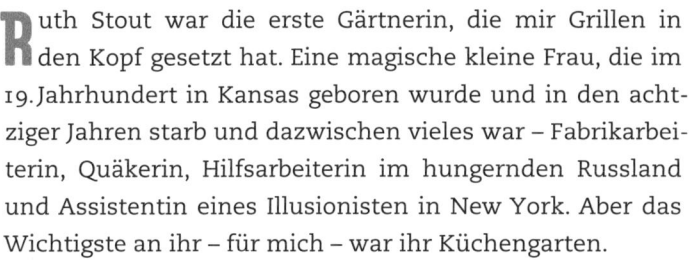

(1884–1980)
Die Entdeckerin des Mulchens

Ruth Stout war die erste Gärtnerin, die mir Grillen in den Kopf gesetzt hat. Eine magische kleine Frau, die im 19. Jahrhundert in Kansas geboren wurde und in den achtziger Jahren starb und dazwischen vieles war – Fabrikarbeiterin, Quäkerin, Hilfsarbeiterin im hungernden Russland und Assistentin eines Illusionisten in New York. Aber das Wichtigste an ihr – für mich – war ihr Küchengarten.

Als ich anfing, mich fürs Gärtnern zu interessieren, konnte ich Ruths Buch *Gärtnern ohne Arbeit* von einer Freundin leihen, die die grüne Welle der siebziger Jahre mitgemacht hatte. Ruths Enthusiasmus, in Kombination mit ihrer trockenen Einstellung (man könnte es so zusammenfassen: Mach, was bei dir funktioniert), überzeugte mich davon, dass auch ich gärtnern kann – dass ich selbstversorgend werden könnte, genau wie die Hippies in den siebziger Jahren. Ich las jedoch nicht so gründlich und verpasste zum Beispiel, dass Ruth der Meinung war, eine rohe gelbe Zwiebel sei ein ausreichendes Abendessen in mageren Wintermonaten. Ich esse im Winter immer noch gekaufte, gebratene Zwiebeln, aber es sind Gärtnerinnen wie Ruth, die mich weiterhin nach den allerhöchsten Idealen streben lassen.

In ihrem phantastischen memoirenähnlichen Buch *How to have a Green Thumb Without an Aching Back* (Wie man einen grünen Daumen ohne schmerzenden Rücken bekommt) erzählt Ruth, wie sie zu ihrem ersten Garten kam, über die Verzauberung und die Herzschmerzen, die damit einhergehen. In den dreißiger Jahren zog sie auf einen

131

Bauernhof in Connecticut, zusammen mit ihrem Mann und mit null Erfahrung. Und jeder Fehler, den sie in diesem ersten Sommer machte, wird zu einer Anekdote. Wie die, als sie und ihre zehnjährige Nichte im strömenden Regen nach draußen gingen, um Mais zu pflanzen. Sie schafften drei Reihen à dreiundsiebzig Meter, dann gaben sie auf. Sie stürzten zurück ins Haus und in ein gemeinsames heißes Bad, wo sie große Schalen mit heißer Suppe bekamen und sich zu ihren Taten gratulierten, während die restlichen Leute im Haus kein Wort darüber sagten, dass die beiden mehr Mais gepflanzt hatten, als ein Mensch verschenken und schon gar nicht essen kann, was besonders schmerzhaft für jemanden ist, der es hasst, wenn Dinge weggeworfen werden.

Aber Ruths größtes Geschenk an uns Gemüsegärtner ist das Mulchen – also dass die Erde mit einer dicken Schicht organischem Material bedeckt wird. Sie erfand diese Methode, als im Frühjahr der Bauer, der sonst ihren Gemüsegarten pflügte, nicht kam. Frustriert gab sie dem Kompost, der auf dem Gemüsebeet lag, einen Tritt und stellte fest, dass die Erde darunter perfekt war: locker, feucht, unkrautfrei. Sie drückte die Samen direkt in die Erde und grub ihren Garten nie mehr um.

Mulchgärtner sind oft sparsame Menschen, und Ruth war da keine Ausnahme. Sie warf nicht einmal die Zigarettenasche weg, sie verteilte sie um die Beerensträucher. Da ging die Sparsamkeit vielleicht ein bisschen zu weit, aber oft bedarf es der Übertreibung, damit geniale Ideen entstehen. Wie zum Beispiel Ruths mathematisches Erdbeerbeet. Nach ihrer Methode braucht man nur einmal im Leben Erdbeerpflanzen zu kaufen, man kann ihre Idee leicht nachmachen. (Anleitung auf Seite 135).

Stroh, eine ideale Decke vor allem im Erdbeerbeet, war

Ruths Lieblingsmaterial. Man sagt oft, Stroh sei so arm an Nährstoffen, dass es sie aus der Erde zieht, aber das bestritt Ruth. Sie düngte fast gar nicht und hörte nur auf ihre Pflanzen und ihren Instinkt.

Seit Ruths Tod ist viel über Erde geforscht worden. Eine spannende Entdeckung ist, dass Pilzwurzeln – Myzelien – wie eine Art unterirdisches Internet für Pflanzennahrung fungieren. Angeschlossene Pflanzen bekommen den Zugang zum Überschuss der anderen. Die Entdeckung hat dazu geführt, dass Produkte mit Pilzwurzeln jetzt kommerziell vertrieben werden, vor allem an Leute, die die Vielfalt in ihrem Gemüsebeet vergrößern wollen.

Wenn man das im Hinterkopf behält, ist die Nährstoffarmut von Stroh nicht so wichtig – im arbeitsfreien Garten, unter der schützenden Strohdecke, kann vielerlei sich frei und ungestört verbreiten.

Eins-a-Mulchen

Mulchen bedeutet: Die Erde wird mit organischem Material bedeckt. Das kann alles Mögliche sein: Kompost, Rasenschnitt, Streifen aus Zeitungspapier, zerstoßene Eierschalen oder eine Mischung aus allem. Man kann auch den Komposteimer aus der Küche direkt aufs Beet kippen (solange er keine Reste von Fleisch, Fisch oder Krustentieren enthält), und wenn man findet, dass das unordentlich aussieht, kann man es mit Gras oder Laub bedecken.

Diese Decke ist genial: Sie verbessert den Boden, reduziert den Wasser- und Düngerbedarf, das Unkraut wird zurückgehalten, und die Würmer fühlen sich wohl.

Man kann überall im Garten mulchen. Im Staudenbeet, in Töpfen, nackte Erde profitiert überall von einer Mulchdecke. Aber für den Anfänger ist es am einfachsten im

Gemüsebeet, da sind die Pflanzen einjährig und wachsen in geraden Reihen. Obwohl die Mulcher schwören, dass sie nie Unkraut jäten, ist es doch besser, wenn man vor dem Mulchen dafür sorgt, dass der Boden einigermaßen unkrautfrei ist.

Stroh ist auch ein gutes Mulchmaterial – einfach die Bauern in der Nähe anrufen und fragen, ob sie alte Strohballen zu verkaufen haben. Man bereitet die Ballen vor, indem man sie im Herbst ausbreitet und ein Jahr lang Wind und Wetter aussetzt. Wenn sie mit Juteschnur zusammengebunden sind, muss man sie hochkant stellen, weil sonst die Schnur verrottet und man die Ballen nicht mehr bewegen kann. Wenn man seinem Garten wirklich Gutes tun will, kann man ein paar Töpfe Goldwasser (mit Wasser gemischter Urin) darübergießen, das gibt dem Stroh zusätzliche Nahrung. Wenn das Stroh sich alt und nass anfühlt, dann ist es richtig. Im Herbst breitet man es auf dem ganzen Küchengarten aus, etwa zehn Zentimeter dick. Im Frühjahr, ein paar Wochen vor der Aussaat, schiebt man das Stroh beiseite, sodass etwa zehn Zentimeter breite nackte Reihen entstehen. Die Sonne kann jetzt die Erde erwärmen.

Jetzt kann man wie gewohnt in Reihen säen – Salat, Petersilie, Saubohnen, alles, was man will – und warten, bis es wächst. Wenn das Gemüse gewachsen ist, bettet man es bis zum Kinn in Stroh. Im Lauf des Sommers füllt man immer wieder Mulchmaterial nach: gejätetes Unkraut, Stroh, Herbstlaub. Rasenschnitt und Unkraut geben Nahrung, Eierschalen Kalk, und Kaffeesatz soll (einigen Untersuchungen zufolge) die Schnecken abhalten.

Man kann auch mit Zeitungspapier oder schwarzem Flies mulchen, aber dann muss man immer noch düngen. Eine grüne Decke reduziert Jahr für Jahr den Bedarf an

Dünger, bis man eine Supererde hat. Und wenn man dann vermeidet, auf den Boden zu treten, braucht man nie mehr zu hacken: Die Würmer übernehmen den Job, Mikroorganismen, Myzelien und Bakterien sorgen dafür, dass das Mulchmaterial sich in fruchtbare Erde verwandelt.

Ruths mathematisches Erdbeerbeet

Man setzt drei Reihen Erdbeerpflanzen (Reihenabstand 20 cm, Pflanzenabstand 90 cm). Die erste Pflanze in der Reihe darf einen Ausläufer bilden, den man in der Reihe nach unten führt. Alle übrigen Pflanzen dürfen zwei Ausläufer bilden, einer wird nach unten, einer nach oben geführt. Alle übrigen Ausläufer schneidet man ab. Wenn die Ausläuferpflanzen angewurzelt sind, hat man drei Reihen Pflanzen mit jeweils 30 cm Abstand. Ein volles Beet also. Im nächsten Jahr entfernt man Pflanze Nummer 1 (die Mutterpflanze), lässt 2 und 3 stehen, entfernt 4, lässt 5 und 6 stehen und so weiter. Jetzt hat man also keine Mutterpflanze mehr, die Kinder dürfen noch ein Jahr wachsen. Dann fängt man wieder von vorne an. So hat man im Erdbeerbeet immer gesunde, junge, produktive Pflanzen.

Nils Åkerstedt

(geb. 1925)
Kies, Gras und grüne Erfindungen

D as erste Mal stand ich in einem Gewächshaus, umgeben von Tomatenpflanzen. Die Zweige streckten sich über meinen Kopf, daran hingen die süßesten Tomaten, die ich je gegessen habe. Ich schob den Rasenschnitt am Fuß der Pflanze beiseite und war erstaunt, dass die Pflanzen in reinem Kies zu wachsen schienen. Vor mir stand der Meistergärtner Börje Remstam, der immer wieder nur sagte: »Nils Åkerstedt, du weißt schon. Nils *Åkerstedt*?« Aber wie sehr er auch den Namen betonte, in meinen Kopf rührte sich nichts.

Das zweite Mal war auf Öland, an einem Hochbeet voller Möhren, die auf einer Sanddüne zu wachsen schienen. Keine Möhrenfliege so weit das Auge reichte, und ein begeisterter Gärtnerlehrling antwortete auf meine neugierigen Fragen mit zwei Wörtern: »Nils Åkerstedt.« Dieses Mal wusste ich, dass ich nicken und lächeln musste, um zu zeigen, dass ich den geheimen Code verstanden hatte.

Heute weiß ich, was der Name bedeutet. Nils Åkerstedt ist ein Gartengenie.

Gras und Kies – das ist seine fast zu einfache Erfindung und die Antwort auf die Frage, wie man einen total üppigen Garten bekommt.

Alles begann vor fast neunzig Jahren, als der fünf- oder sechsjährige Nils mit sechs Geschwistern und seinen Eltern in einer Kate mit einem Zimmer und Küche lebte. Es gab Pferde, eine kleine Landwirtschaft, und Nils bekam seinen ersten eigenen Garten. Und seither hat er nicht mehr aufgehört zu gärtnern. Erst half er den Nachbarn in deren Gärten, danach bekam er Arbeit im Garten eines Herrenhauses in der Nähe. Danach ging er in eine richtige Schule, wurde Gärtner und lernte, DDT und Kunstdünger zu verwenden. Aber als er dann selbst wieder zu gärtnern begann, wurde es nicht so gut, wie er es gewohnt war, nicht wie vor der Schule, als es nur natürlichen Dünger gab. Nils ging also wieder einen Schritt zurück und arbeitete intensiv, aber natürlich, bis er etwa sechzig Jahre alt war und sein Rückendoktor ihm sagte, es sei an der Zeit, in Rente zu gehen. Nils erzählt seine Lebensgeschichte in dem Podcast *Odlarna*, und wer muss nicht lächeln, wenn er sagt, er habe sich, statt in Rente zu gehen, ein Sommerhäuschen gekauft. »Es war, als würde der Himmel sich öffnen – es hat solchen Spaß gemacht!«

Nils wollte ein Gewächshaus haben, aber der Boden war so uneben, dass er eine Ladung Sand bestellte. Und genau wie alle begeisterten Gärtner war er früh dran mit dem Säen und spät dran mit der Anlage der Beete. Damit also die Tomatenpflanzen in ihren Töpfen nicht eingingen, steckte er sie in den Sand, den er bestellt hatte. Und damit der Sand nicht austrocknete, bedeckte er ihn mit Rasenschnitt. Und damit war ein Star geboren.

Seither hat Nils' Methode – die Sand-und-Gras-Methode – gezeigt, dass sie Erde und Dünger ersetzen kann. Sie ist auch wandelbar: Wer keinen Sand und kein Gras hat, kann es auch mit Lehmboden und einer gehäckselten grünen Masse versuchen. Damals, vor vierzig Jahren, war die Idee neu, fast eigenartig. Jetzt ist Nils über neunzig, und die Situation ist umgekehrt: Ein Gemüseanbau ganz ohne Rasenschnitt wird fast ein wenig belächelt. So stark ist die Wirkung der Grünmasse – und die von Nils Åkerstedt.

In Sand und Gras gärtnern

Nils Åkerstedts Technik nennt man die Kies-und-Gras-Methode.

Sie funktioniert sowohl im Freiland (also direkt im Gartenbeet) als auch im Gewächshaus und in Töpfen. Der Anbau im Gewächshaus und im Haus bedarf gewisser Vorbereitungen. Hier folgt ein Grundkurs für den Anbau im Freien:

Man gräbt an der Stelle, an der man das Kiesbeet anlegen will, die Erde weg, 40 cm tief und zum Beispiel 50 cm breit. Dieses Beet jetzt mit feinem Kies auffüllen. Die Pflanzen direkt in den Kies setzen. Jetzt eine 10 cm dicke Schicht Rasenschnitt aufbringen. Gießen. Fertig.

Während des Sommers wird die Grasschicht ein oder zwei Mal aufgefüllt, je nachdem wie hungrig die Pflanzen sind. In den ersten zwei, drei Jahren muss man 20 cm aufbringen, danach 10 cm pro Jahr.

Wenn man geerntet hat, wirft man das Kraut auf das Beet und bedeckt es wiederum mit Rasenschnitt – der Boden darf nie nackt sein.

Dünger ist nicht nötig, Unkraut und Bodenkrankheiten haben keine Chance, Schädlinge haben es schwer, und auch kleine Beete geben reiche Ernte. Außerdem nimmt das Gemüse die überschüssige Nahrung aus dem Rasenschnitt auf, der sonst nutzlos auf dem Rasen liegen bleiben und im schlimmsten Fall seine Nährstoffe an die Wasserläufe abgeben würde.

Was zu bedenken ist

- Der Rasen muss ungefähr so groß sein wie das Beet, damit der Schnitt reicht.
- Sie haben keinen Rasen? Dann geht es auch mit Unkraut oder Wildpflanzen! Aber man braucht einen Rasenmäher: mit einer Sense funktioniert es nicht, weil das Grünzeug gehäckselt sein muss, damit die Nährstoffe austreten können.
- Kies- und Grasbeete müssen öfter gegossen werden als andere.
- Man sollte frisches, schönes Gras, das im Hochsommer oder Frühherbst geschnitten wurde, verwenden.

Später im Herbst, wenn das Gras gelb wird, ziehen die Nährstoffe sich in die Wurzel zurück, und der Schnitt ist nicht mehr so potent.

🌿 Brauchen Sie auch im Winter Gras? Machen Sie eigene Gras-Silage! Man schneidet das Gras wie gewohnt im Sommer, harkt es zusammen und stopft es in schwarze Müllsäcke, knotet sie zu und lagert sie mindestens zwei Monate luftdicht. Das gelagerte Gras ist kompakter als das frische, man sollte also weniger nehmen – ein paar Zentimeter. Hält im Müllsack mindestens ein Jahr.

Annemarta Borgen

(1913–1988)
Die Hexenmutter auf Knatten

Annemarta Borgen wurde in Norwegen geboren und lebte auf dem Hof Knatten, auf der Insel Asmaløy mit ihrem Mann und einem kombinierten Rosen-Kräutergarten voller essbarer, magischer und medizinischer Pflanzen.

Ich las erst lange nach ihrem Tod über sie, in einem Buch der Journalistin Lotte Möller, die beschreibt, wie Annemarta zusammen mit dem legendären Rosenzüchter Lars Cedergren (Seite 195) das beinahe manische Interesse für alte Rosen erfasste, die seit den achtziger Jahren blühen. Ich wurde neugierig, bestellte gleich ihr Buch *Min örtagård* (Mein Kräutergarten) und verirrte mich sofort und hoffnungslos in ihrer sowohl verführerischen wie auch verräterischen Welt – genau wie in einem guten Märchen.

Annemarta erzählt von den Jagdreisen ihrer Kindheit zu Freunden in Samen-Lagern, wo sie Engelswurz kaute und am Feuer einschlief, von der Armut während des Krieges, wo der Kartoffelacker das Einzige war, das die Menschen am Leben hielt, von der Befriedigung, einen Keller voll mit selbstgemachtem Obstwein zu haben, und von Gartenwegen aus Muschelschalen, die sie vom Strand holte.

Sie berichtet auch von Wermut, und diese Geschichte erzählt wohl am meisten von ihrem wilden, schönen Leben. Annemartas Wermut-Tipps stammen von ihrem Großonkel Per, der das Sterben übte, indem er jede Donnerstagnacht in einem Sarg schlief. Er wusste auch, an welchem Tag es so weit sein würde, also versammelte er einmal die ganze Verwandtschaft zu einem drei Tage langen Leichenschmaus. Das war ein traditionsreiches Familienfest, mit »Besäufnis, Schlägerei und Tanz, Gesang und ohne Kirchgang«. Es wurde Kuchen mit Wermutschnaps serviert und selbstgebrautes Bier in Zinnkrügen. In der Nacht ging die ganze Familie in einer Prozession zu dem luxuriösen Sarg, der mit Wermut ausgelegt war (um Schädlinge fernzuhalten). Per legte sich mit einer Bibel auf der Brust und einem Buch über schwarze Magie unter dem Kopf (für alle Eventualitäten) in den Sarg. In dem Jahr, in dem Annemarta dreizehn wurde, lag er am dritten Tag tot im Sarg. Dann zog ein Sturm auf, niemand konnte auf die Insel kommen oder sie verlassen, jeden Tag tränkte man die Leiche mit Wermutschnaps, um den Verwesungsgestank fernzuhalten.

Die mächtige Gartenjournalistin Karin Berglund (Seite 117) schreibt auch über Annemarta in ihrem Buch *Det var en gång en trädgård (Es war einmal ein Garten)*, und als ich Karin einmal traf, zwang ich sie, die Geschichte noch einmal zu erzählen.

Karin fuhr mit einem Schiff nach Knatten, und Annemarta holte sie am Hafen ab, mit langen schwarzen Haaren und einer Ausstrahlung, die einen verstehen ließ, warum Medizinfrauen früher als lebensgefährlich angesehen wurden. Aber von ihrem weltberühmten Rosengarten war keine Spur. »Sie ist ein Genie«, dachte Karin und traute sich nicht, etwas zu sagen. »Das ist Literatur. Sie hat das alles erfunden.«

Später erfuhr Karin, dass Annemarta die Rosen als Liebesgaben an ihren Mann gepflanzt hatte. Als er starb und Annemarta die große Liebe ihres Lebens betrauerte, verwelkten die Rosen, der Garten wurde von Schädlingen angegriffen und ausradiert.

So lebte und gärtnerte sie. Wie in einer alten griechischen Sage. Und ich werde ewig davon träumen, wie sie schreiben – und gärtnern – zu können.

Arme-Leute-Safran

»Ich glaube nicht, dass es ein Gericht gibt, das nicht besser wird, wenn man etwas Calendula dazugibt«, schreibt Annemarta Borgen über die Ringelblume (mit wissenschaftlichem Namen *Calendula*). Ich stimme ihr zu. Ich mache Ringelblume an alles. Nicht nur an den Salat und aufs Brot, sondern auch an Omelette und Eintöpfe. Ich lasse sie in Öl ziehen, und gerade habe ich gelesen, dass man die Kronblätter in saure Sahne geben soll, die zu Butter verarbeitet wird. Ich mache Teemischungen mit Ringelblume, und am Morgen gebe ich ein paar Blüten in den Kaffeefilter. Ich ziehe die einzelnen Blüten auf Nähgarn, bis ich eine Ringelblumengirlande habe, die ich ums Fenster und über das Bett drapiere. Ich zupfe eine Handvoll Kronblätter ab und lasse sie mit dem Reis mitkochen, genau wie Annemarta, aber mein Reis wird nicht safrangelb wie bei ihr. Allerdings wird der Reis voller im Geschmack – die Ringelblume hat an sich keinen starken Eigengeschmack, lässt jedoch alles andere intensiver schmecken; ein bisschen wie Salz. Und auch wenn man getrocknete Kronblätter verwendet, sind sie saftig, glänzend und golden, wenn der Reis fertig gekocht ist. Ich fühle mich wie ein Hipster der siebziger Jahre aus Teheran, wenn ich ihn serviere.

Es gibt keine einfacher zu ziehende Pflanze als die Ringelblume. Sie wächst überall, wird aber schöner, wenn sie viel Sonne bekommt. Sie ist einjährig, sät sich leicht selbst aus und kommt so im nächsten Sommer wieder. Annemarta mischte Eimer mit Torfmull, Ringelblumensamen und Wasser, dann schüttete sie das Ganze in hässliche Felsspalten. Man kann ganz leicht Samen von den Ringelblumen nehmen: Man wartet, bis die Samenstände im Herbst trocknen. Dann nimmt man sie ab und lässt sie im Haus nachtrocknen, wenn nötig. Der Samen der Ringelblume ist das Schönste, das ich kenne. Wie das Fossil eines winzigen Dinosauriers.

Man erntet die Blüten um die Mittagszeit, wenn sie voll erblüht sich. Man füllt einen ganzen Korb, nimmt sie mit ins Haus und schüttet sie auf Zeitungspapier. Ich lasse immer die ganzen Blumen trocknen, aber wenn man will, kann man auch die Kronblätter abzupfen. Das ist eine nette Arbeit für kleine Kinderhände, die bekanntermaßen sehr gut darin sind, Sachen von Sachen abzuzupfen. Luftig und dunkel trocknen lassen und in Dosen füllen, wenn die Blüten ganz trocken sind.

Und – das habe ich vor kurzem gelernt – Pflanzen müssen nicht immer eine praktische Funktion haben. Es gibt keinen schöneren Bauernstrauß als brandgelbe Ringelblumen und samtrote Linné-Tagetes in einer einfachen Vase, sogar in einer gespülten Konservendose auf einem sauber gescheuerten Holztisch.

Jean-Baptiste de La Quintinie

(1626–1688)
Gärtnern oder sterben

Gewiss, das Erste, was einem zum Schlossgarten von Versailles einfällt, ist das Labyrinth oder der unendliche Rasen. Oder die Springbrunnen und Skulpturen wie die erzürnte Göttin Latona, die die aufmüpfigen Bauern zu ihren Füßen in Kröten verwandelt.

Aber wir anderen, die wir uns mehr als aufmüpfige Bauern und weniger als erzürnte Göttinnen fühlen, gehen an den Prachtbauten vorbei, um die Ecke des enormen Schlosses und in den Küchengarten. *Potager du roi.* Im Sommer sieht er immer noch so aus wie im 17.Jahrhundert, als Jean-Baptiste de La Quintinie ihn anlegte. Er bekam den Auftrag vom Sonnenkönig, Ludwig XIV., und er versuchte, mit Hilfe von Kohl und Obstbäumen den Gartenarchitekten, die Versailles mit goldenen Skulpturen füllten, etwas Aufmerksamkeit abzuluchsen. Was für ein Glück für ihn, dass Kohl und Obstbäume so viel cooler sind als goldene Skulpturen.

La Quintinie war ein *latebloomer* – genau wie ich fing er als Neunundzwanzigjähriger mit dem Gärtnern an. Und genau wie bei mir schien das Interesse ihn getroffen zu haben wie ein Blitz. Der Unterschied ist, dass mein erster Garten eine Kleingartenparzelle von 100 qm war, während er vom französischen König geschnappt wurde, um zehn

Fußballfelder Sumpf in einen ertragreichen Küchengarten zu verwandeln.

Anfangs versorgte La Quintinie den französischen Hof, wenn der sich vorübergehend in Versailles aufhielt. Als der König permanent dort lebte, bekam La Quintinie mehr Land: ein hübsches viereckiges Stück von ungefähr zehn Hektar, vor allem aus ästhetischen Gründen ausgesucht. Es war ein Sumpf, aber ein sonniger Sumpf. Um das Land bebaubar zu machen, ließ La Quintinie es drainieren und die Erde austauschen (mit Schubkarren). In der Mitte wurde ein runder Springbrunnen angelegt, darum herum erhöhte Terrassen und 12 000 an Spalieren gezogene Obstbäume.

La Quintinie arbeitete sehr hart und kam auch schon mal ohne Perücke und in lehmverschmierten Samthosen ins Schloss gestiefelt. In den Augen des Adels muss das ausgesehen haben, als würde ein durchgeknallter Sid Vicious im Opernkeller herumgetorkelt sein. Aber La Quintinie war die Etikette egal, ihm war das meiste egal, außer Gemüse und Obstbäumen. Zwischen Buchsbaumhecken und Lavendel wuchs sein Lebenswerk: Grünkohl, grüne Bohnen, Kräuter und sechzehn verschiedene Sorten Salat. Bei ihm gediehen Melonen und Feigen, Steinmauern gaben Schutz, Gewächshäuser und Glasglocken verlängerten die Saison, Beete mit frischem Stallmist wärmten, und wenn es besonders kalt war, wickelte La Quintinie das Gemüse in Wolldecken ein. Die ersten Erdbeeren erntete La Quintinie im März, Erbsen im April, Feigen im Juni. Auf alten Kupferstichen hat er diesen ruhigen, zufriedenen Gärtnerblick, den man bekommt, wenn man Unkraut gejätet hat, bis man seine Arme nicht mehr spürt.

Er scheint auch sehr großzügig gewesen zu sein. Der französische König, der halb Europa abschlachtete und besteuerte, akzeptierte keinen Diebstahl. Aber La Quintinie scheint es nicht gekümmert zu haben, wenn ein wenig Obst verschwand. Ich möchte mir vorstellen, dass er, wie fast alle, die viel Zeit mit Gärtnern zugebracht haben, der Meinung war, dass die Pflanzen uns eigentlich nie gehören, nicht wirklich. Wir gehören ihnen. Und lange nachdem sowohl La Quintinie als auch der König die Erde mit einer allerletzten Düngung beschenkt haben, wächst der *Potager du roi* immer noch.

Nach der Sonne gärtnern

Aus nachvollziehbaren Gründen war Jean-Baptiste de La Quintinie besonders interessiert am Einfluss der Sonne auf seine Gärten – man kann schließlich nicht als Küchengärtner des Sonnenkönigs arbeiten, ohne die Wirkung der Sonne zu bemerken. Er war der Meinung, dass die Sonne das Element war, das der Erde Fruchtbarkeit schenkte, das Element, nach dem alle anderen sich richteten, aber er notierte auch die Gefahren dieser Kraft und wie leicht so große Macht korrumpiert.

Er zog daraus den Schluss, dass ein Gärtner lernen muss, wie man Nutzen und Vorteile aus dem Glanz der Sonne ziehen kann, vor allem für die Pflanzen, die diese Energie besonders nötig haben. Für die empfindlichsten Bäume schuf Jean-Baptiste ein mildes Mikroklima, indem er exotische Obstbäume an sonnige Wände pflanzte. Da die Baumkronen durch das Ziehen am Spalier gerade waren, konnte man im Winter außerdem Decken aus Jutegewebe darüber hängen. Die Decken schützen einerseits gegen die Kälte und andererseits gegen die starken Strahlen des zeitigen Frühjahrs, die sowohl frische Triebe verbrennen als auch empfindliche Blüten verlocken können, zu früh auszuschlagen, um dann, wenn die Sonne launischerweise entscheidet, dass es doch noch nicht Frühling ist, zu erfrieren. Es gelang ihm manchmal, aber nicht immer. Wenn seine geliebten Pflanzen krank wurden oder starben, beugte er seinen Kopf vor dem Willen der Natur und gestand, dass auch ein Gärtner nur beschränkte Macht besitzt. Er sagte das nicht laut, aber ich lese zwischen den Zeilen, dass er feststellte, wie wir uns alle, auch der mächtigste König, ratlos vor der Macht beugen müssen, die die Natur ausüben kann, ohne es zu merken.

Auch wenn man nicht symbolisch veranlagt ist wie Jean-Baptiste, kann es klug sein, ein besonderes Augenmerk auf die ebenso lebensspendende wie vernichtende Kraft der Sonne zu haben.

Die generelle Empfehlung ist, dass ein Gartenbeet jeden Tag mindestens sechs Stunden direktes Sonnenlicht haben sollte. Es gibt eine Methode herauszufinden, welcher Teil des Gartens der sonnigste ist: Man fängt früh am Morgen an, wenn die Sonne den Garten erreicht. Man befestigt eine Schnur zwischen zwei Bambusstöcken und markiert die Stellen, wo der Schatten endet und wo die Sonne auf das Beet fällt. Dann geht man noch einmal um die Mittagszeit hinaus und kontrolliert, ob ein Teil des Beetes immer noch im Schatten liegt – in diesem Fall wiederholt man die Markierung. Dann geht man ein letztes Mal am Nachmittag hinaus, wenn die Sonne aus dem Garten verschwindet, und markiert, wohin die Sonne dann fällt. Auf diese Weise findet man die Stelle, die die meiste Sonne am Tag bekommt. Wenn man das Gleiche auch noch im Frühjahr und im Herbst macht, bekommt man eine noch genauere Berechnung.

Isabella Rossellini

(geb. 1952)
Grüne Pornos

Ich treffe Isabella Rossellini an einem strahlend warmen Tag in Ockelbo. Sie trägt einen roten Schal und zwinkert dem Gärtner Lars Krantz zu. Ein Filmstar durch und durch, genetisch und magnetisch, durch Erbe und Umwelt. Aber man darf sich nicht täuschen lassen: Isabella Rossellini ist Bäuerin geworden.

Alles begann vor ein paar Jahren, als sie eine Annonce in einer Zeitung las. Das Grundstück wurde als *wasteland* angeboten, also verlassener, vermüllter Grund. Aber es war in der Nähe von New York, auf Long Island. Und Isabella konnte, im Unterschied zu den meisten anderen Bauern, mitbieten gegen Ausbeuter und Bauherren.

Da hatte sie ihre Umschulung bereits begonnen. Filmstar wird sie natürlich immer bleiben. Genau wie niemand jemals – nicht wirklich – aufhört, Präsident der USA zu sein. Aber statt Filme zu drehen, hatte Isabella begonnen zu studieren. Verhaltenswissenschaft und Biologie. Sie war fasziniert davon, wie Tiere sich fortpflanzen, und sie fasste das, was sie gelernt hatte, in einer Reihe von Sketchen zusammen, auf Französisch. Die Vorstellung wurde *Bête de sexe* getauft, ein Wortspiel, das nur Franzosen verstehen und das alle anderen als eine Referenz auf Zoophilie verstehen. Im Englischen verwendete Isabella den Titel *Green Porno*. Als ich sie treffe, ist sie nach Ockelbo gereist, um ihre Sketche aufzuführen, und in Erinnerung an ihre schwedische Mutter. Und um noch ein wenig mehr Gärtnerwissen von Lars aufzusaugen. Lars hat die Struktur auf der South Country Farm – ihrem zwölf Hektar großen Bauernhof – geschaffen.

Eine Ähnlichkeit haben diese beiden Berufe dennoch – sowohl Filmstar als auch Bauer ist etwas, was man ist, und nicht etwas, als das man arbeitet. Isabella hat sich voll in ihre neue Rolle gestürzt. Sie gärtnert nicht nur biodynamisch und nach den Zyklen des Mondes, sie hält auch Tiere. Unter anderem Hühner, altmodische Rassen, die keinen Platz auf den großen Hühnerfarmen haben. Isabellas Hühner sind schon viel älter als die Fünf-Wochen-Hähnchen der Fleischindustrie, niemand hat das Herz, ihnen den Hals umzudrehen.

Wenn sie von der List spricht, die es braucht, um ihre Honigbienen im Zaum zu halten, erinnert sie an den chinesischen General Sun Tzú. Die Herausforderung besteht darin, die Bienen daran zu hindern, zu den Nachbarhöfen zu fliegen, weil dort die Pflanzen gespritzt werden. Sie laufen Gefahr, von den Insektengiften getötet zu werden, die sich in den kleinen Tieren schnell anreichern. Isabella und ihr Gärtner füllen also die Gemüseäcker mit Blumen an, die Bienen lieben, unveredelte Sorten mit viel Nektar und Pollen. Pflanzen, die früh blühen, oder die noch spät im Herbst blühen, damit die Bienen nicht auf den Gedanken kommen, dass es anderswo mehr oder bessere Blüten gibt.

Es ist offensichtlich, dass sich die Verhaltensforschung auf ihren Äckern positiv auswirkt. Aber als ich sie frage, welches ihre Lieblingsfortpflanzungsmethode ist, blinzelt sie erstaunt und antwortet: »*Well*, mit der menschlichen habe ich am meisten Erfahrung.« Sie hat die Vorstellung völlig vergessen, und ich erröte wegen meiner unpassenden Frage. Dann lächelt sie: »Aber ich nehme an, auch die wäre optimierbar, wenn ich Hermaphrodit wäre!«

Pflanzen für Bienen

Wenn man Pflanzen für Bienen und andere pollinierende Insekten anbauen will, dann muss man einerseits blühende Pflanzen nehmen, die viel Nektar und Pollen geben, und die andererseits nicht so veredelt sind, dass die Tiere nur schwer an diese beiden Dinge herankommen. Es ist zudem klug, wenn man versucht, die Saison in beide Richtungen zu verlängern, also Pflanzen anzubauen, die sehr früh und sehr spät im Jahr blühen. Es folgen einige Pflanzen, die aus diesen Gründen besonders geeignet sind. Außerdem tut es nicht weh, sie anzuschauen. Wenn man viel Löwenzahn, Disteln und Lupinen hat, kann man sich damit trösten, dass es auch besonders gute Bienenpflanzen sind.

- Borretsch
- Brombeere
- Fetthenne
- Hanf
- Herbstaster
- Huflattich
- Hyazinthe
- Kirsche*
- Klee
- Krokus
- Lavendel
- Luzerne
- Minze
- Oregano
- Rainfarn-Phazelie
- Rosenmalve
- Sand-Thymian

* Eigentlich sind alle Obstbäume gute Bienenpflanzen.

- Stockrose
- Wildapfel
- Weide
- Winterling
- Wolfsmilch

Frank Erichsen

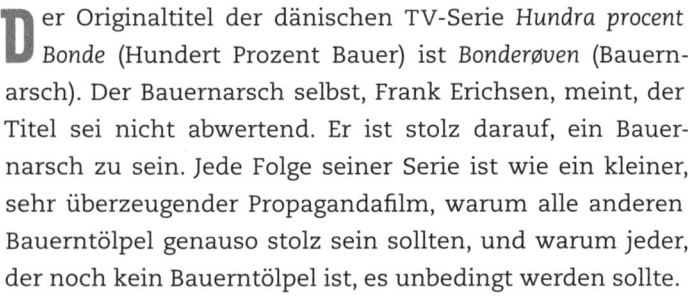

(geb. 1983)
Der Bauerntölpel aller Bauerntölpel

Der Originaltitel der dänischen TV-Serie *Hundra procent Bonde* (Hundert Prozent Bauer) ist *Bonderøven* (Bauern-arsch). Der Bauernarsch selbst, Frank Erichsen, meint, der Titel sei nicht abwertend. Er ist stolz darauf, ein Bauern-arsch zu sein. Jede Folge seiner Serie ist wie ein kleiner, sehr überzeugender Propagandafilm, warum alle anderen Bauerntölpel genauso stolz sein sollten, und warum jeder, der noch kein Bauerntölpel ist, es unbedingt werden sollte.

Frank lebt seinen Bauerntraum auf dem Kastanienhof, den er ausgehend von den Prinzipien Nachhaltigkeit und Tradition betreibt. Und für ihn sind das mehr als leere Wor-te: Die Prinzipien werden anhand von einigen Regeln be-folgt. Zum Beispiel, dass der Kraftstoff, den man für eine Arbeit verbraucht, im Verhältnis zum Ergebnis der Arbeit stehen muss. Das klingt ein wenig wolkig, bedeutet in der Praxis jedoch, dass Frank nur Maschinen benutzt, wenn er einen See anlegt oder ein Haus baut – Dinge, von denen er und die Menschen nach ihm noch lange einen Nutzen ha-ben werden. Ansonsten ist Muskelkraft angesagt.

Außer diesen Regeln besitzt Frank eine fast autistische

Abneigung, die eigenen Ideale zu verraten. Die Abneigung, Fehler zu machen, bringt wiederum phantastisches Fernsehen hervor. Wie etwa, wenn Frank seinen Acker mit einem neuen Pferd pflügen will (bei so einfachen Aufgaben ist der Traktor verboten). Er erklärt, dass Schönheit wichtig ist für ihn als Bauer. Und die junge Stute ist wirklich unglaublich schön, ein starkes, stolzes Arbeitspferd. Jedoch ist sie noch nicht so richtig eingetaktet. Als der alte Pflug an einem Stein hängen bleibt, gerät das Pferd in Panik und galoppiert davon, der Hofhund rennt Frank jaulend um die Beine, der noch in den Zügeln hängt. Die Zügel loszulassen, ist keine Alternative – Frank wird zwischen Pferd und Pflug mitgeschleift, das so mit ihm eine tiefe Furche pflügt. Schließlich erreichen sie eine Steinmauer. Das Pferd springt, der Hund ebenfalls. Frank kann sich gerade noch zur Seite werfen. Der Pflug beschreibt einen großen Bogen durch die Luft und hätte beinahe den Hund gespalten, als er wieder zu Boden fällt. Schließlich bleibt das Pferd stehen. Alles endet gut. Frank erzählt die Geschichte mit einem charmanten schiefen Lächeln. Und pflügt seine Äcker weiterhin mit einem Pferd.

Das einfache, schöne Leben, das ist Franks Ziel. Das lässt ihn älter wirken, dennoch sieht er jünger aus, als er ist. Und seine Felder sind spektakulär und poetisch. Er experimentiert mit uraltem öländischem Saatgut auf seinen Feldern – einer Weizenart, die Generationen von Bauern vor ihm bewahrt und verbessert haben. Er düngt den Boden, indem er die schöne Blume Luzerne anbaut. Und er renoviert – lieber als dass er neu baut – ein verfallenes viktorianisches Gewächshaus, das bisher an einer sonnigen Wand vor sich hin rottete.

Bevor er der Fernsehbauer Frank wurde, wohnte er eine Zeit lang in einer selbst gebauten Hütte, in Lappland hat er mit Samen zusammen gearbeitet, und er verbrachte einen Winter auf einem Heuboden, wo er im Schlafsack über seinen ersten beiden Pferden schlief. Jetzt gehört *Bauernarsch* in Dänemark zu den beliebtesten Fernsehserien aller Zeiten. Aber auch das greift Franks Idealismus nicht an. Sein ganzes Leben ist ein Beweis dafür, dass die Schönheit des einfachen Lebens der größte Reichtum der Welt ist, ein Reichtum, den man zudem weder ausgeben noch verschleudern kann.

Alle lieben John Seymour

Zu Franks Vorbildern gehört der britische Autor John Seymour. Johns bekanntestes Buch ist *Das große Buch vom Leben auf dem Lande. Ein praktisches Handbuch für Realisten und Träumer*, in dem er alles behandelt, von der Frage, wie man selbst und von Hand mannshohe Steine aus seinem Acker bekommt, bis zu der, wie man am besten einen Ochsen schlachtet und einsalzt. Aber davor schrieb John noch ein Buch, *Wir ziehen hinaus aufs Land*, das von all den Dingen handelt, die ihm auf dem Weg zur Selbstversorgung nicht gelungen sind. Es ist so lustig, dass ich laut lachen muss, und so romantisch, dass es wehtut. Wie zum Beispiel, wenn John berichtet, dass er eine Kuh kauft, ohne zu wissen, wie man eine Kuh melkt, um zu erkennen, dass eine Kuh mit prallem Euter sehr schnell von gefügig zu wütend mutiert. Er lernt es jedoch schnell, weil das die einzige Möglichkeit ist, lebendig aus dem Stall zu kommen. Todesangst ist die Mutter der Erfindung, sagt John.

Eine andere Sache, die er schnell lernt, ist, wie viele Enten zu viele Enten sind. Ausgerechnet dieses Problem löst sich fast von selbst – ein hungriger Fuchs wohnt um die Ecke.

John lernt auch, dass ein Selbstversorger sich nur solche

Freunde leisten kann, die bereit sind, Holz zu hacken und neue Beete anzulegen, wenn sie zu Besuch kommen. Und dass man viel (*viel*) mehr Selbstgebrannten braucht, als man glaubt.

Ich liebe das *Buch vom Leben auf dem Lande* genau so sehr wie Frank Erichsen. Ich hole es immer heraus, wenn ich größere Mengen grüne Bohnen einsalzen will, weil der Tiefkühler voll ist und ich zu geizig bin, die Bohnen wegzuwerfen. Aber das Buch *Wir ziehen hinaus aufs Land*, sein vorsichtiger Beginn, die lustigen, traurigen und betörenden Fehler, lässt mich glauben, dass ich besitze, was man braucht, um sich in einer Hütte niederzulassen, mit nubischen Ziegen, die auf dem Dach grasen, und wo das winterliche Abendessen aus frisch geschlagener Butter und eingesalzenen Schnittbohnen besteht, so knackig und köstlich wie die allerersten Frühlingsgemüse.

Johns Salzbohnen

Brechbohnen oder Wachsbohnen ernten. Abspülen, trocknen und Stielansätze entfernen. Auf den Boden eines großen Glasgefäßes einige Zentimeter Meersalz geben. Die Bohne längs in Streifen schneiden und in das Glas drücken. Obendrauf wieder Salz und festdrücken, Deckel aufschrauben. Mit neu geernteten Bohnen weitermachen, bis das Glas fast voll ist. Wenn man verschiedenfarbige Bohnen anbaut, ist es toll, wenn man abwechselnd Schichten mit grünen, gelben oder schwarzen Bohnen einlegt. Dunkel und kühl aufbewahren (Kühlschrank ist nicht nötig). Es kann ein wenig gären, deshalb darauf achten, dass die Unterlage keinen Schaden leidet, wenn Salz austritt.

Zur Verwendung: So viele Bohnen, wie man braucht, herausnehmen und entsalzen. Über Nacht in Wasser legen, wenn man sie sehr salzig haben will – perfekt für Eintöpfe, die dann kein Salz mehr brauchen. Für weniger salzige Bohnen: Das Wasser mehrmals am Tag wechseln und probieren, bis der Salzgeschmack richtig ist.

Anders Stålhand

(geb. 1984)
Der Jüngling im Botanischen Garten

D ie Gartenmesse war vor vielen Stunden geschlossen worden, der Abend war in eine glitzernde Nacht übergegangen. Die Büromöbel in der Redaktion, in der ebenfalls eine Afterparty gefeiert wurde, waren beiseitegeschoben worden, die Leuchtröhren gedimmt, die Gespräche begeistert. In allen Ecken saß Gartenadel von unterschiedlichem Rang, ich war zwar zu unbedarft, um das wirklich zu kapieren, aber ich ahnte es, weil alle von einem kleinen Hofstaat umgeben waren. Ich stand herum und sprach mit zwei jungen, netten Männern – einem brünetten und einem blonden mit perfektem Hut – über den Kompensationspunkt für Unkräuter*. Ich hatte das starke Gefühl, in der Gartenwelt angekommen zu sein.

Der Brünette, habe ich später erfahren, war der Gartenhistoriker André Strömqvist. Der Blonde war Anders Stålhand. Und während ich in meinem Garten immer noch damit kämpfe, große Mengen von Giersch zu schneiden (Kompensationspunkt: Wenn die Pflanze zwischen fünf

---

* Der perfekte Zeitpunkt zum Schneiden des Unkrauts im Hinblick darauf, es möglichst effektiv zu schwächen.

und zehn Blätter hat), ist Anders zum Chefgärtner im ganz wunderbaren Botanischen Garten in Göteborg avanciert.

Ich kann mir keinen inspirierenderen Mann auf diesem Posten vorstellen. Zumal Anders erst neunundzwanzig war, als er den Job bekam, kaum ein Teenager in Gartenjahren (Gärtner gleichen in diesem Sinne Bäumen oder Dichtern: sie können gut über fünfzig sein, bevor sie peaken). Ich rufe Anders an, um wie ein Sportreporter zu fragen, was das für ein Gefühl sei. War er nicht nervös?

»Und wie!«, antwortete er, bevor ich beim ö in nervös ankomme. »Aber jetzt habe ich einige Gespräche zur Weiterentwicklung und zu Umstrukturierungen hinter mir. Und es wird so, wie ich will.«

Als er klein war, versuchte Anders, einen ganzen Garten anzulegen, mit Wasserfall und allem, unter einer Birke auf dem Grundstück seiner Eltern. Etwas später gründete er eine Ein-Mann-Baumschule für Permakultur-Pflanzen, unter anderem Dead Man's Fingers. Heute hat Anders dreißig Festangestellte, im Sommer sind es mehr, und fünfundsiebzig Prozent seiner Arbeit besteht aus anderen Dingen als gärtnern. Außerdem hat der Chefgärtner Anders, an ein armes Leben als Kleinunternehmer gewöhnt, eine Budgeterhöhung bekommen. Erst einige Millionen Kronen und dann noch mehr. Das Geld ist für neue Gewächshäuser vorgesehen. Anders beschreibt das Gefühl als »privilegiert«, aber ich höre an seiner Stimme, dass dieses Wort nicht ausreicht.

In den Pflanzungen gibt es jedoch genug Ausdrücke dafür. Anders ist ein Geschichtenerzähler. Seine Gärten bestehen nie aus biologisch korrekten Biotopen oder reinen Begonien-Sammlungen. Anders' Pflanzen sprechen, und sie haben unglaublich viel zu erzählen. Eine Geschichte, die Anders mit Ernst und Humor erzählt, sowohl im Garten als auch im Text, ist die von unserer totalen Abhängigkeit von Pflanzen.

Einer seiner persönlichen Lieblingsplätze im Botanischen Garten ist der Felsengarten. Anfang Juli ist das Federgras am schönsten. Außerdem gibt es hier einen Wasserfall.

»Allerdings kann man die Rohre sehen. Das stört mich unglaublich. Ich sehe nur noch die Rohre. Daran muss ich was ändern.«

Das – und dazu noch ein paar sprechende Gewächshäuser für 350 Millionen Kronen.

Ich kehre zurück zu Heckenschere und Giersch und schwelge weiter in Erinnerungen an den Abend auf dem Schloss, ich meine die Garten-Afterparty, und daran, wie ich einmal neben Schwedens neuem Gärtnerprinzen stehen durfte.

Mispeln ziehen wie Anders

Ich mag gesprächige Pflanzen – Pflanzen, bei denen Besucher nicht einfach sagen: »Oh, wie hübsch«, sondern eher: »Was zum Teufel ist das denn!?«

Die Mispel ist ein garantierter Showstopper. Der Baum besitzt alle Eigenschaften eines normalen Obstbaums, gleichzeitig sticht er im Obstgarten hervor wie ein Pinguin auf einer Frackparty. Eigenartig knorrige Äste strecken sich in die Höhe, anstatt seitwärts-aufwärts; große, exotische grüne Blätter; große, fleischige, weiße Blüten; runde, grünbraune Früchte, die auf nicht sehr schmeichelhafte Weise an einen Hundehintern erinnern*. Anders Stålhand schreibt über die Mispel in seinem wunderbaren Buch *Skörda nya smaker* (Neue Geschmackserlebnisse ernten) und empfiehlt

---

* Im Saarland nennt man die Mispel auch »Hundsärsch«.

den Baum auch für kleine Gärten, weil er nicht sonderlich groß wird.

Die Mispel ist unkompliziert. In den ersten Jahren beschneidet man die Krone ein wenig, damit sie die richtige Form bekommt – wenn man unsicher ist, sollte man einen Baumpfleger fragen. Danach kann der Baum wachsen, wie er will. Ziemlich bald kommen die lustigen Früchte.

Man pflückt sie nach dem ersten Frost, dann müssen sie so lange nachreifen, bis sie zu faulen beginnen. Auf Englisch heißt das *bletting*, ein Wort, das nur für Mispelfrüchte verwendet wird. Die Früchte werden im Haus aufbewahrt, bei Zimmertemperatur oder in der Speisekammer, bis die Schale schrumpelig ist und das Fruchtfleisch aussieht wie braunes Apfelmus. Dann isst man es mit einem Löffel direkt aus der Schale. Der Geschmack der rohen, halbfaulen Frucht ist nicht jedermanns Sache, aber man kann aus dem Fruchtfleisch auch Mispelgelee kochen (Rezept auf Seite 52), es erinnert an das 17. Jahrhundert, englische Jagdgesellschaften und deftige herbstliche Abendessen bei Teerfackeln.

Buchtipps

- 🌿 Michelle Obama: *American Grown*. 2012.
- 🌿 Ruth Stout: *How to have a Green Thumb Without an Aching Back*. 1990.
- 🌿 Dettmer Grünefeld: *Das Mulchbuch. Praxis der Bodenbedeckung im Garten*. 2008.
- 🌿 Isabella Rossellini: *Meine Hühner und ich*. 2017.
- 🌿 John Seymour: *Wir ziehen hinaus aufs Land*. 1984.

Freaks
&
Geeks

Oh, das ist meine Truppe! Die verrückten, erfindungsreichen, beinahe erfundenen, experimentellen Gärtner. Wie die amerikanische Illustratorin Tasha Tudor (1915–2008), die genau wie die meisten anderen auch nur zehn Jahre lang achtzig Jahre alt war, über die aber oft gesagt wird: »Das war doch die, die so alt war.« Die Erklärung dafür ist, dass sie das ganze 20. Jahrhundert so tat, als sei sie eine ältere Dame aus den 1830er Jahren: Sie gärtnerte barfuß, mit einem Kopftuch, das sie selbst genäht hatte, aus selbst gezogenem, selbst geröstetem, selbst gewebtem Leinen. Und dann haben wir ja unseren schwedischen Knallkopf, den Schriftsteller August Strindberg (1849–1912), der Petersiliensamen in Salpetersäure legte, damit sie schneller wachsen (oder weil er Petersiliensamen sehr hasste). Er geht Hand in Hand mit der britischen Medizinfrau Juliette de Baïracli Levy (1912–2009) und hochgeschätzten Asketen wie der deutschen Äbtissin, Komponistin und Philosophin Hildegard von Bingen (1098–1179), die eigentlich ihr ganzes Leben lang halluzinierte, aber dennoch eine der mächtigsten Frauen Europas wurde, und dem japanischen Bauern Masanobu Fukuoka (1913–2008), der nur eine Halluzination hatte, die war aber so stark, dass er danach in einer Höhle lebte und sich den Rest seines Lebens von rohem Reis ernährte. Das war für ihn die einzige Möglichkeit, dem Brausen der Welt zu entkommen, das übertönte, was die Pflanzen ihm zuflüsterten. Aber auch der britische Filmemacher

Derek Jarman (1942–1994), dessen Freunde überzeugt davon waren, dass er ein Zauberer und sein magischer Garten der Versuch war, das nahe gelegene Kernkraftwerk zu vertreiben, das sein karges Paradies beschattete. Zu dieser Truppe gehört auch die norwegisch-russisch-französische Prinzessin Greta Sturdza (1915–2009), weil Prinzessinnen irgendwie immer Märchenwesen sind. Und die etwas vorsichtiger auftretenden Gärtner Carl Peter Thunberg (1743–1828), Tim Smit (geb. 1954) und Lars Cedergren (1918–1996), Pflanzen-Geeks mit einer enormen, überbordenden Liebe zur Natur. Wenn man einen roten Faden zwischen diesen einzigartigen Nerds sucht, dann ist es vielleicht der: Die Liebe zu Pflanzen ist so groß, dass sie bisweilen die Liebe zu Nicht-Pflanzen, alias Menschen, überschattet.

Tasha Tudor

(1915–2008)

Barfuß im Gemüsegarten

Es gab eine Zeit in meinem Leben – eine Weile nachdem ich begonnen hatte, mich fürs Gärtnern zu interessieren, und kurz bevor ich meinen Kleingarten bekam –, da dachte ich, es gäbe auf der ganzen Welt keine Gartenbücher mehr. Dass ich alle gelesen hätte. Ich hamsterte alles, was auch nur ansatzweise »Garten« im Titel hatte. Auf einem Flohmarkt habe ich das Kinderbuch *Der geheime Garten* auf Kassette gekauft (ich hörte sie auf einem uralten Walkman). Es beeinflusste mein Gärtnern mindestens so sehr wie ein Sachbuch, und als die dritte Kassette nicht mehr lief (was würde aus den armen, behinderten, gemeinen Kindern und ihrem verwachsenen Garten werden?), lief ich los und lieh das physische Buch aus. Die Geschichte von Wiedergeburt und Rosenpflege, eingerahmt von eigenartigen kleinen Zeichnungen der Illustratorin Tasha Tudor, ging weiter.

Tasha Tudor war eine phantastische, exzentrische Amerikanerin aus der Oberschicht (ihre Eltern waren mit Mark Twain und Albert Einstein befreundet). Sie wurde 1915 geboren, wäre aber am liebsten im 19. Jahrhundert auf die Welt gekommen. Davon ausgehend rollenspielte sie sich durchs Leben. Trotz (oder dank?) dessen gelang es ihr – ohne Strom oder moderne Werkzeuge –, einen Garten jenseits der Zeit zu erschaffen.

Nachdem einige ihrer Kinderbücher Bestseller geworden waren, ließ Tasha in New England ein Haus bauen, das Balken für Balken der Nachbau eines Bauernhofs aus dem 18. Jahrhundert war, komplett mit altmodischer Küche, Fensterluken und Wänden aus mit der Axt behauenem Holz. Dort lebte sie ohne Radio und Fernsehen – eine Zeit lang hatte sie überhaupt keinen Strom, nur Öllampen. Sie melkte ihre Ziegen barfuß und kochte rosa Apfelmus, das sie mit Ziegenjoghurt und Kekskrümeln servierte. Sie legte alles ein, was ihr in den Weg kam, und baute Leinen an, aus dem sie Kleider nähte (ich habe das ausprobiert, die Ernte des zweiten Jahres, die einhundert Prozent größer war als die des ersten, hätte gerade mal für einen Lappen gereicht). Ein halbes Jahrhundert lang schwebte sie altersmäßig irgendwo in der ultimativen, belesenen, weisen Lücke zwischen siebzig und achtzig (sie wurde zweiundneunzig).

Auf einem Foto im Buch *Tasha Tudor's Garden* trägt sie ein Kleid, das im Text als ihr bestes beschrieben wird, und buddelt rundliche Kartoffeln aus der fetten Vermont-Erde. Das Kleid ist schwarz und würde gut als Trauerkleid für eine sehr traditionelle Freikirchlerin passen.

Auf diese Weise – dünn und vogelartig, in einem Arme-Leute-Sonntagskleid – bestellte sie ihren Lustgarten an einem milden Südhang. Ihr Garten scheint für immer voller Paradiesäpfel zu sein, die von kahlen, dramatischen, nebelfeuchten schwarzen Zweigen hängen, und Pfirsichen, die unter dem vollen Erntemond reifen. Und genau wie in der Fernsehserie *Gilmore Girls* (die auch in New England spielt), scheint Tasha ein ganzes Leben lang in einer immerwährenden, glitzernd schönen Herbstwoche gelebt zu haben.

Mark Twain hat gesagt, ein Jahr in New England bestehe aus neun Monaten Winter, gefolgt von drei Monaten

Schneematsch. Tashas Garten ist also kein unerreichbarer Traum – zumindest klimamäßig nicht.

Als Erstes pflanzte sie auf ihrem Bauernhof Tausende Osterglocken. Im Mai bilden sie jedes Jahr einen gelben Teppich unter ihrem rosa-weiß blühenden Paradiesapfelbaum. Das werde ich auch als Erstes machen. In Zukunft. Mit Schuhen.

Tipps von Tasha

- ✺ Tasha war eine Blumenstrauß-Expertin, das ganze Jahr über. Sie empfiehlt, im Spätwinter nackte Birkenreiser vorzutreiben. Man kann es wie Tasha machen und die Zweige in schöne Glaskannen mit Wasser und Holzkohle stellen. Rechtzeitig zu Ostern hat man dann zartgrüne Büschel.

- ✺ Man schneidet Weidenzweige und stellt sie in eine Vase. Tasha steckte zudem Stecklinge von Kräutern – Rosmarin, Salbei, Basilikum – dazu, die Kräuter würden ihrer Erfahrung nach unfehlbar Wurzeln schlagen.

- ✺ Wenn die Weide Wurzeln bekommen hat, kann man die Zweige auspflanzen und bekommt so neue Weidenbäume. Wenn sie blühen, zeitig im Frühjahr, wird der Garten der Lieblingsort von Insekten.

- ✺ Überall auf der Welt gibt es Bauern und Pferdehöfe, die mehr als genug Mist haben, und es gibt Gärtner, die weit fahren und im Gartenmarkt Dünger in Säcken kaufen. Das fand Tasha blöd, sie verhandelte immer mit ihren Nachbarn und bekam so den Mist.

- ✺ Blassgelbe und weiß-gelbe Osterglocken unter wilde und veredelte Apfelbäume pflanzen, die weiß und rosa blühen. Und nicht vergessen: viel davon. Je mehr Zwiebeln, desto besser. Tasha pflanzte in ihrem Apfelgarten zweitausend Zwiebeln. Dann durfte die Wiese unter den Äpfeln wachsen, wie sie wollte. Im Herbst wurde sie mit der Sense gemäht.

August Strindberg

(1849–1912)
Alchemie und Apfelkerne

Ich suche in Strindbergs Wohnung nach Zeichen. Um das Kopfende seines kleinen Bettes ringelt sich eine geschnitzte Blumengirlande. Die Bordüre in der Diele ist voller aquarelliger Kirschblüten. Auf alten Zeichnungen sieht man Grünpflanzen auf Piedestalen. Die Zeichen sind jedoch schwer zu deuten. Sind die geschnitzten Baumblüten ein Ausdruck für seine unsterbliche Liebe zu Obstbäumen oder nur ein Beweis dafür, dass er auf der Höhe seiner Zeit und dem Jugendstil war.

Eins weiß ich ganz bestimmt: Diese kleine Wohnung – mit ihrem Miniaturschreibtisch, dem Winzsofa und den Öllampen – ist genauso dunkel wie die, in der ich wohne, ein paar Hundert Meter weiter unten in der Drottninggatan in Stockholm. August war vielleicht ein begeisterter Gärtner, aber hier ist nichts aus Samen vorgezogen worden.

Im Buch *Strindberg som trädgårdsmästare* (Strindberg als Gärtner) entdecke ich Parallelen in unseren gärtnerischen Kämpfen. In seiner Kindheit in der Klara västra kyrkogata versuchte er, die chlorophyllarmen Grasbüschel im Hinterhof zum Wachsen zu bringen. Genau auf der anderen Seite des Friedhofs, im Schein unzähliger Leuchtröhren, starre ich, mehr als hundert Jahre später, in leere Töpfe und rufe (im Kopf): »Aber so sagt doch, was ihr haben wollt!«

Später bekam August sein Gartenparadies: Kymmendö. Wenn er nicht dort war, schrieb er neidisch seinem Bruder, der auf das Haus aufpasste, und fragte, ob die Zwergkirsche Früchte trüge und die Rosen schon blühen. Dann ermahnte er den Bruder, das Silber zu versetzen und das Leben zu genießen. Er machte noch etwas sehr Schlaues. Er säte Kerne* von Apfel, Birne, Pflaume und Kirsche in einem besonderen Beet. Wenn die unechten Stämmchen groß genug waren, pfropfte er echte Zweige auf und verschenkte die neuen, luxuriösen Bäume an Freunde.

Er nannte sich Naturist-Okkultist und romantisierte die Selbstversorgung, das unabhängige Leben. Er zog Melonen in einem warmen Beet, Kaffee in einer gemieteten Wohnung in Lindau, und Gurken zog er, indem er kleine Pflanzen in einen Graben setzte und ein altes Fenster darüberlegte.

August liebte das Gärtnern, ganz bestimmt. Aber August mit den verrückten kleinen Augen – hell, um nicht zu sagen selbst leuchtend, aber so tief liegend, dass immer ein Schatten auf sie zu fallen schien – hasste das Gärtnern auch. Er hasste Kinder, die Leberblümchen verkauften, die blühende Traubenkirsche vor dem Fenster und gefüllte Tulpen. Aber am allermeisten hasste er den Nachbarshund auf Kymmendö, der seine Erdbeeren fraß.

Und dann kommt der Schock. Er hat tatsächlich Pflan-

---

* Bäume, die aus Kernen wachsen, sind unecht. Manchmal entsteht so eine phantastische neue Sorte, aber meistens bilden sie nicht einmal Früchte aus.

zen in dieser 19.-Jahrhundert-Höhle in der Drottninggatan vorgezogen. In *Strindberg als Gärtner* steht, dass er sowohl Tomaten als auch Gurken im Haus vorgezogen hat. Dann transportierte er die Töpfchen mit dem Dampfschiff nach Kymmendö. Daraus kann ich nur einen Schluss ziehen: Strindberg versuchte nicht nur, mit Hilfe von einem Spritzer Ammoniak, einem Streifen Papier und einer brennenden Zigarre Gold herzustellen. Es gelang ihm tatsächlich, seinen Öllampen die richtige Farbe und Temperatur zu verpassen, sodass die kleinen Pflänzchen sich in ihrem Schein wohlfühlten. Wäre ich ein genauso geschickter Alchemist wie er, ich wüsste genau, welches Wissen ich gerne besitzen würde.

Apfelbäume pfropfen wie August

Früher gab es magere Männer mit Schlapphut, die mit dem Fahrrad über Land fuhren und Apfelbäume pfropften. Aus tiefen Manteltaschen zogen sie exklusive Äpfel und Zweige von ausgesuchten Apfelbäumen. Die Zweige der Gourmet-Bäume wurden auf die bereits existierenden Apfelbäume gepfropft, und wenn sie angewachsen waren, konnten die Leute mehrere Sorten von ein und demselben Baum ernten. Außerdem waren die Ernten oft größer, die Saison dauerte länger. Wenn man nur Platz für einen Apfelbaum in seinem Garten hat, ist das auch eine Möglichkeit, das Problem der Bestäubung zu lösen.

Heutzutage müssen wir das selbst machen, genau wie August auf seiner Insel.

Man fängt damit an, sich Pfropfreiser zu besorgen – also das Stöckchen, das man auf dem Originalbaum befestigen will. Pfropfen ist eine ziemliche Fummelei, man sollte also darauf achten, richtig coole Reiser zu bekommen, damit sich die Arbeit lohnt. Man kann alles pfropfen, von Apfel und Birne bis Kirsche und Vogelbeere. Kirschbäume, die so gepfropft wurden, dass sie gleichzeitig weiß und rosa blühen, sind so schön, dass den Leuten der Mund offensteheh bleibt und sie gegen die Wand laufen. Manche, wie Birne und Eberesche, kann man zwischen den Arten pfropfen, es entstehen sogenannte Mutantenbäume, aber es funktionieren keineswegs alle Kombinationen. Am meisten verbreitet ist Apfel auf Apfel. Auf der Suche nach Pfropfreisern kann man da, wo man wohnt, nach den besten Äpfeln fragen, oder in einem Verein, in dem die Mitglieder Reiser von alten Apfelsorten untereinander tauschen.

Man beginnt im Frühjahr, bevor die Knospen schwellen.

Man kann auf eine Rute pfropfen – das ist der erste Trieb, der aus einem Apfelkern kommt – oder auf einen erwachsenen Baum.

Wenn man auf eine Rute pfropft, schneidet man die Spitze der Rute an, damit der Pfropf die neue Spitze wird. Wenn man einen erwachsenen Baum pfropft, sägt man einen passend dicken Zweig ab, damit der Pfropf der neue Zweig wird. Diese Methode nennt man Rindenpfropfen, man steckt also das Pfropfreis unter die Rinde des ursprünglichen Baumes, damit sie zusammenwachsen.

Das Pfropfreis sollte ungefähr so dick wie ein Bleistift sein. Man zählt drei bis vier Knospen ab (das Reis sollte etwa zehn cm lang sein) und schneidet einen kräftig schrägen Schnitt entlang des »Stifts« (so kann das Wasser herablaufen), damit eine schmale Spitze entsteht, wie eine Gänsefeder. Eine Knospe sollte gegenüber des schrägen Schnittes liegen.

Jetzt öffnet man die Rinde des Ursprungsbaums mit einem vertikalen Schnitt am Zweig entlang. Der Schnitt sollte so lang sein wie die rindenfreie, nackte Spitze des Reises.

Man steckt vorsichtig das Reis unter die Rinde, sodass der nackte schräge Teil auf dem nackten Teil des Ursprungsbaums aufliegt. Hier sollen die beiden zusammenwachsen, aber es ist nicht sicher, dass es klappt, deshalb sollte man beidseits des Zweiges ein Pfropfreis platzieren, dann ist die Chance doppelt so groß, dass eines anwächst. Dann bindet man selbstvulkanisierendes Klebeband drum herum, sodass die Rinde über den Reisern dicht verschlossen wird, stülpt eine Plastiktüte darüber und befestigt sie mit Klebeband. Warten.

Letzeres ist das Schwierigste. Nicht vorsichtig nachschauen, am Reis fummeln, den Baum bewegen, gar nichts machen – nur geduldig sein, die Daumen drücken und hoffen, dass der Pfropf eine Symbiose mit dem Baum eingehen will.

Juliette de Baïracli Levy

(1912–2009)
Kräuter ohne Grenzen

Eine Zeit lang wohnte eine Freundin von mir in einer Jurte in Südspanien. Sie erntete Gemüse und Mandeln, duschte in einem Wasserfall und spielte mit den Ziegen, während die Oliven reif wurden. Als sie mir das Buch *Common Herbs for Natural Health* der Engländerin Juliette de Baïracli Levy empfahl, kaufte ich es sofort. Und entdeckte nicht nur die coolste Kräuterfrau der Welt, sondern auch, dass ich Kräuter liebe.

Juliette ist die gute Fee aller modernen Wanderer, Heiler und Gärtner. Sie selbst verwendet das Wort Gypsy, mit einer Liebe, die durch jedes Wort leuchtet, vor allem in den Beschreibungen des nomadischen Lebens und der Demut angesichts des profunden Kräuterwissens, das ihr weitergegeben wurde. Juliette war Jüdin, sah aus wie ein Hippie (barfuß und in bunten Tüchern), benahm sich jedoch wie eine Aristokratin. Sie wurde fast hundert Jahre alt, und während ihres langen und abenteuerlichen Lebens schrieb sie sehr viele und sehr gute Kräuterbücher.

Juliettes Interesse für Kräuter begann mit Hunden. Als sie klein war, bekam sie von ihrem Großvater ein paar Welpen. Die Welpen wurden krank und starben, einer nach dem anderen, und Juliette schwor sich, wenn sie einmal groß wäre, würde sie Welpen retten wollen. Die Ausbildung zur Tierärztin war jedoch eine Enttäuschung, und Juliette beschloss, ihr Wissen bei den Völkern zu suchen, die mit ihren Tieren in Gemeinschaft leben: Berbern und Beduinen, Bauern und Urvölkern. Sie verließ ihr vornehmes Zuhause voller Kinder- und Hausmädchen und reiste durch die Welt, um alles zu lernen, was man wissen konnte, um Tieren (und Menschen, wie sich zeigte) mit Kräutern zu helfen. Ich stelle mir gerne vor, wie sie aussah, als sie nach England zurückkehrte. Mit elf Afghanischen Windhunden an ihrer Seite, sonnenverbrannt wie eine Ledertasche, ritt sie, mit einer zahmen Ziege auf dem Arm, durchs Land. Sie schloss sich den britischen Roma an, und bei ihnen lernte sie mehr als nur theoretisches Kräuterwissen. Für ein paar Tüten Tee bekam sie unersetzliche Ratschläge über Trauer und Liebe; im Tausch gegen Ziegenkäse und Honig wurde sie zu phantastischen Essen eingeladen, deren Zutaten auf der Heide gesammelt worden waren: frittierte Holunderblüten, dampfende Suppen aus Seegras und Schnecken, Eintöpfe aus den jungen Trieben essbarer Farne.

Juliette trieb weiter durch die Welt – eine ewig Reisende

mit einem Sack voll Kräuter auf dem Rücken. Und wo immer sie landete, wie kalt, dunkel oder karg es auch war, sie fand immer ein nützliches Kraut und die Werkzeuge, um es zu veredeln. Keinen Mörser? Zwei harte Steine tun es auch. Kein Feuer? Stell das Gefäß mit Öl und den Kräutern ein paar Tage in die Sonne. Ihr strapaziöses Leben verwandelt die Lektüre der Kräuter-Notizbücher in spannende Reisetagebücher. Zum Beispiel wenn sie in einem Text, in dem sie beschreibt, wie man Opiummohn sicher anwendet, berichtet, wie sie das Leben eines ihrer Kinder mit Hilfe von Mohn gerettet hat (ich frage mich, ob das wohl dasselbe Kind war, das von der zahmen Ziege gesäugt wurde, als sie selbst schwer an Typhus erkrankt war).

Schon der flüchtige Kontakt mit ihr, durch das, was sie geschrieben hat, genügt, damit die eigene Seele von der gleichen leidenschaftlichen Liebe zu Kräutern erfasst wird.

Juliettes Oliven mit Kräutern

Hier ist ein Rezept aus Juliette de Baïracli Levys Buch *Common Herbs for Natural Health*. Es ist wie ein Instant-Koch-Tipp: Nach dieser Behandlung schmeckt auch die langweiligste Olive exotisch und luxuriös.

Man entkernt eine gute Handvoll grüne Oliven und legt sie mit Folgendem in ein Glas: 3 Nelken, 3 halbierte Knoblauchzehen (also sechs Hälften), 1 in Streifen geschnittene Cayenne-Chili, 1 Zweig Weinraute, 3 Zweige getrocknete Basilikumblüten, 3 frische Basilikumblätter, kleine Zweige Dill und etwas Rosmarin. Mit einem guten Olivenöl auffüllen, sodass die Oliven bedeckt sind. Wenn man die Oliven sofort serviert, kann man noch ein paar Stücke in Salz eingelegte Zitrone dazugeben, aber laut Juliette verringert die

Zitrone die Haltbarkeit. Ein paar Stückchen Zitronenschale, wie auf einem Dry Martini, gehen auch.

Die Kräuter geben beinahe sofort ihren Geschmack an das Öl ab, was davon übrig bleibt, kann man mit Brotstückchen auftunken oder ein paar Tage aufheben und über einen Salat träufeln. Man kann die Kräuter natürlich variieren, aber gerade die Nelke ist eine so unerwartete Geschmackskombination mit den Oliven, die sollte man also nicht weglassen. Das Rezept erinnert einen auch daran, dass Kräuter, die blühen, immer noch geerntet werden können: auch wenn der Geschmack von Basilikumblättern durch das Trocknen abnimmt, sind getrocknete Basilikumblüten immer noch wunderbar.

Hildegard von Bingen

(1098–1179)
Das dinkelliebende Universalgenie

Ein richtiger Superstar unter den Nonnen des Mittelalters – das war Hildegard von Bingen. Sie ging auf Tournee und schrieb Musik, gab Bücher heraus, wurde als Mystikerin, Philosophin und Seherin verehrt. Sie war eine einflussreiche politische Person und eine Eremitin, die wichtige Infos direkt von ihrem Gott bekam. Sie war ein wandelnder Widerspruch, ein Universalgenie, eine der mächtigsten und merkwürdigsten Frauen der westlichen Welt. Für mich war sie vor allem eines: eine medizinische Kräuterexpertin.

Hildegard lebte in einer Zeit, in der konventionelle Ärzte Mumienpulver und Einhornhorn verschrieben und die

Priesterschaft an Leuten, denen es schlecht ging, gut verdiente: Krankheiten waren eine Strafe Gottes, und Ablassgeschenke an die Kirche waren die beste Medizin. Wer mit Kräutern heilen konnte, war offensichtlich mit dem Satan befreundet.

Das alles scherte Hildegard nicht. Ihre Deutung der damaligen Medizinlehre – der verrückten Humoralpathologie* – erinnerte mehr an die indische medizinische Wissenschaft Ayurveda, ihre Praxis war holistisch, lange bevor das Wort existierte: Gegen Depression empfahl sie eine Kombination aus Therapie, Diät und Kräutermedizin.

Sie notierte, wie gezüchtete, zahme Pflanzen ihre Bitterkeit verloren, aber sie erkannte auch, dass wilde Pflanzen eine Bitterkeit haben, die als Medizin wirken kann. Sie nahm Schafgarbe gegen Hundebiss und Wermut gegen alles (für noch mehr Wermut siehe Annemarta Borgen auf Seite 139). Sie klingt auch oft wie ein moderner Gesundheitsapostel. Sie verachtete weißes Brot und liebte Dinkel. Ersteres sah sie als geradezu schädlich an: Nur ein sehr gesunder Mensch überlebt mit hellem Brot, während grobes Dinkelbrot als so nahrhaft beschrieben wurde, als könne es tatsächlich physische Beschwerden heilen. Sie empfahl gesunde Samen von Mohn und Hanf, voller Protein und gesunden Fetten, aber sie warnte auch, wenn jemand schwach im Geist ist oder nicht ganz klar im Kopf, dem kann das Marihuana ins Hirn steigen …

Dass Hildegard ein Freak war, da scheinen sich alle einig zu sein. Sie wurde in eine vornehme Familie geboren, ging aber schon als Jugendliche ins Kloster – wo sie auch

---

* Humoralpathologie ist die sogenannte Vier-Säfte-Lehre, an die konventionelle Ärzte bis etwa zum Ende des 19. Jahrhunderts geglaubt haben, bis man dazu überging, an Bazillen als Krankheitsursache zu glauben.

gärtnern lernte. Sie hatte ihr Leben lang Halluzinationen, manchmal so stark, dass sie sich nicht bewegen konnte. Aber niemand, sie selbst eingeschlossen, schien das als Problem zu sehen. Im Gegenteil. Vielleicht war es das Erlebnis, anders zu sein, dass sie selten etwas verdammte oder dogmatisch war. Ausgewogenheit ist am besten – ein guter Tipp auch in Zeiten von Clean-eating-Wahn und Orthorexie*.

Und gleichzeitig ist sie wunderbar unmodern. Wie zum Beispiel, wenn sie Bilsenkrautöl gegen Hautparasiten empfiehlt und schmerzstillende Schierlingskompressen für Menschen, die von einem Schwert durchbohrt oder mit einer Keule verprügelt wurden. Beiden Tipps muss ich hoffentlich nie folgen, aus unterschiedlichen Gründen. Aber etwas werde ich sofort ausprobieren – mit Hildegards Buch in der Hand und ihrer Musik aus der Stereoanlange –, nämlich gut gelagerten, natürlich geklärten Rotwein zu trinken, mit etwas Salbei oder Wermut darin. Soweit ich (und Hildegard) weiß, heilt so ein Glas die meisten einfacheren Beschwerden.

Hildegards Kräuterwein

In ihren Rezepten empfiehlt Hildegard Wein, den die Zeit geklärt hat, also ungefilterten Wein. Man bekommt auch heute noch ungefilterten Wein, für den richtigen Mittelalter-Fan, es bedarf jedoch Hildegards Willen aus Stahl. Ein Substitut, das leichter zu bekommen ist und auch passt, wenn man Alkohol vermeiden will, ist ungefilterter Apfelweinessig.

Ansonsten ist Hildegards Rezept einfach:

* Essstörung, die sich in krankhafter Fixierung auf gesunde Ernährung ausdrückt.

Man erhitzt eine Flasche Wein mit einem Strauß Salbei. Durch ein Tuch filtern und in Flaschen füllen. Oft trinken. (Achtung – Hildegards Empfehlung! Man darf nicht vergessen, dass sie in einer Zeit lebte, in der Wasser eine äußerst gefährliche Flüssigkeit und Wein verglichen damit der reinste Gesundheitstrunk war.)

Wenn man nicht pasteurisierten Apfelweinessig verwendet und die guten Bakterienkulturen behalten will: Die Temperatur sollte beim Erhitzen 30–40 Grad nicht übersteigen. Wenn man einen noch kräftigeren Kräutergeschmack möchte: Den Salbei nicht abfiltern, sondern einige Tage im Essig ziehen lassen. Für noch mehr Bums: Einige Esslöffel guten ökologischen Honig zum Essig geben. Einige Esslöffel von diesem Kräuteressig in ein Glas Wasser geben und als Gesundheitstrunk oder zum Essen trinken.

Masanobu Fukuoka

(1913–2008)
Der Reisbauer, der sich ausruhte

Als Masanobu Fukuoka im Jahr 1975 sein erstes umjubeltes Buch *The One-Straw-Revolution* veröffentlichte, waren fünfundzwanzig Jahre vergangen, seit er seine Äcker gepflügt hatte. Seine Reisfelder standen nicht unter Wasser, er verwendete keinen Kunstdünger und spritzte kein Gift. Und doch erntete er so viel wie die japanischen Bauern um ihn herum, die nicht-ökologische Methoden anwenden mussten, um zurechtzukommen. Damit ihm das gelang, hatte Masanobu eine Anbaumethode erfunden, die so einfach ist, dass nur wenige sie beherrschen. Masanobu selbst hat seine Methode in zwei Wörtern zusammengefasst: »Nichts tun.«

Er war zunächst Wissenschaftler und Beamter, in den dreißiger Jahren erlitt er das, was man heute Burn-out nennen würde – er brach eines Tages einfach zusammen. Er erwachte aus seinem Kollaps als Nihilist. Als erstaunlich fröhlicher Nihilist. Er war zu der Erkenntnis gelangt, dass das Leben und der Tod dasselbe sind, alles sinnlos, und man deshalb das meiste ganz ruhig angehen kann. Extrem ausgelassen zog er auf den Bauernhof seines Vaters, um seine neue Philosophie zu testen, seine »Nichts-tun«-Methode. Und killte sofort fast alle Obstbäume. In den folgenden dreißig Jahren (und weitere vierhundert tote Zitrusbäume später) fand Masanobu die perfekte Balance zwischen Schlamperei und natürlichem Anbau.

Ganz grob gesagt gibt es zwei Arten, Nahrungsmittel anzubauen: traditionell und chemisch. Ein traditioneller Bauer macht viel von Hand, deckt die Erde mit Kompost ab und verwendet den Dung der Tiere. Der chemische Bauer hat die Arbeit durch Kunstdünger und künstliche Bewässerung ersetzt. Der traditionelle Bauer gibt der Erde so viel zurück, wie er ihr nimmt, und erhält so gesunde Erde. Der chemische Bauer entnimmt dem Boden viel, ohne etwas zurückzugeben und laugt so den Boden aus.* Und dann gibt es noch eine dritte Methode. Masanobus natürliche Landwirtschaft. Sein Boden blieb nicht nur gesund – er wurde besser.

Das geht so: Im Herbst streut man eine Mischung aus Roggen, Gerste, Weißklee und Reis über das ungepflügte

---

* Manche Leute sind der Meinung, dass dieser Unterschied zwischen der Entnahme der Bauern und der Erd-Schuld der chemischen Bauern sich in den Lebensmittelpreisen widerspiegeln sollte.

Feld. Die Samen keimen unterschiedlich schnell. Das Getreide wird zuerst geerntet, und das Material, das übrig bleibt (Stroh), bleibt auf dem Acker liegen. Es schützt vor dem Austrocknen und gibt dem Boden Nährstoffe zurück. Der Klee wächst den ganzen milden Winter und schützt, bis das im Herbst gesäte Getreide geerntet ist und der Frühjahrsregen den Reis weckt. Gleichzeitig verteilt man Gemüsesamen direkt auf dem kleebedeckten Boden im Obstgarten. Langsame Samen wie Mais werden in Lehmpellets eingebacken. Dann wird alles sich selbst überlassen. Gemüse, das nicht geerntet wird, blüht und sät sich für das nächste Jahr aus. Auf diese sehr zen-buddhistische Weise folgt Jahr auf Jahr, mit minimalen Eingriffen und einem Boden, der jedes Jahr eine größere Ernte liefert.

Masanobu Fukuoka wurde fünfundneunzig Jahre alt und betrieb sein Leben lang natürliche Landwirtschaft. Außerdem wurde er berühmt und reiste durch die Welt, er stoppte Verödung und Erosion, indem er verwüstetes Land zum Blühen brachte. 2002, sechs Jahre vor seinem Tod, musste er einen Besuch in Afghanistan absagen. Er schickte stattdessen acht Tonnen Samen. Masanobu hat gesagt, das Ziel der Landwirtschaft sei nicht der Anbau von Gemüse, sondern die Kultivierung und Vollendung der Menschen. Und darin liegt die Revolution. Verändern wir den Anbau von Lebensmitteln, verändern wir die Gesellschaft.

Eine Samenbombe werfen

Genau wie Liz Christy in New York (Seite 93), warf auch Masanobu Fukuoka Samenbomben. Liz machte es, weil die Samenbomben über einen Zaun auf verlassene Abbruchgrundstücke fliegen konnten. Masanobu warf die Bälle in seinen eigenen Obstgarten, weil er nicht graben wollte. Im

Internet gibt es Filme, auf denen man sieht, wie Jünger in Socken getrocknete Lehmbrocken mit Holzhämmern zerschlagen und dann unter Masanobus ernsthafter Aufsicht Samenbomben mischen. Wenn man das auch machen will, braucht man (sehr ungefähr) 1 Teil Samen (z. B. Klee), 3 Teile getrockneten, fein gesiebten Kompost und 5 Teile getrockneten gesiebten Lehm.

Man mischt die Samen mit den trockenen Zutaten. Masanobus Jünger machen es mit den Händen. Sie hocken auf einem glatten Steinboden, ungefähr so wie die Auftragen-und-polieren-Bewegungen im Film *Karate Kid*). Für kleinere Mengen genügt auch eine große Form mit ebenem Boden und hohem Rand (eine alte Auflaufform zum Beispiel). Man streut den Lehm über die Samen-Kompostmischung, gut vermischen. Wenn man so ein Pulver mit effektiven Mikroorganismen hat, einen Kompostaktivator oder so etwas, kann man bestimmt auch eine Handvoll davon daruntermischen. Dann muss man die Mischung anfeuchten, nach und nach, 1 bis 2 Teile Wasser. Masanobus Jünger helfen sich gegenseitig: Drei polieren immer noch den Boden, ein vierter sprüht Wasser über die Mischung, mit so einer Rucksack-Sprühflasche mit superfeinem Mundstück, wie Giftsprüher sie verwenden. Die japanischen Jünger polieren mit zen-artiger Ruhe, bis sich von alleine kleine Bälle bilden.

Ist man ungeduldig, kann man einen Brocken der Lehmmischung abbrechen, ungefähr so groß wie eine Reh-Losung, und ihn in der Hand zu einem Ball rollen. Wenn die Mischung zu nass ist, Lehm und Kompost hinzufügen. Ist sie zu trocken, mehr Wasser. Und genau wie man Brötchen oder Fleischklößchen zwischen den Handflächen glatt rollt und spürt, dass sie fertig sind, weil der Teig zusammenhalten *will*, behalten sie die Form. Man lässt sie jetzt mindestens vierundzwanzig Stunden trocknen und bewahrt sie dann trocken, dunkel und kühl auf, bis der Moment gekommen ist, die Samenbomben zu werfen.

Derek Jarman

(1942–1994)
Verzauberte Flora

Zwei unglaubliche Geschichten.
Meine Freundin, die Malerin, hatte eine verlassene Halbinsel auf Gotland bekommen. Nicht bekommen in dem Sinn, dass sie sie hätte verkaufen können, aber bekommen in dem Sinn, dass sie dort wohnen konnte, einen Garten anlegen und alles, was dort sonst noch wichtig ist. Sie bat mich um Hilfe, einen ersten Garten auf der äußersten, steinigsten Landzunge der Insel anzulegen.

Vierundzwanzig Jahre zuvor fuhr der Filmemacher Derek Jarman in Kent umher, auf der Suche nach einem Waldstück mit Atlantischen Hasenglöckchen für eine Sequenz in dem Film *The Garden*. Er und sein Freund machten halt, um in der Nähe des Kernkraftwerks Dungeness zu Mittag zu essen. Die Küste dort ist eine der größten Kiesformationen der Welt, und auf dem Weg dahin erzählte Derek von einer wunderbaren kleinen Fischerhütte unten am Geröllstrand. »Wenn die jemals zu verkaufen ist, dann kaufe ich sie, glaube ich«, fügte er hinzu. Als sie am Strand ankamen, machte das Zu-Verkaufen-Schild am Haus den Kauf unausweichlich.

Da, direkt im Kies, ohne das kleinste bisschen Erde, beschloss Derek, einen Garten anzulegen. Und wer schon einmal versucht hat, einen Kiesweg unkrautfrei zu halten, weiß, wie wohl es sich da fühlt.

Zurück auf der gotländischen Kalksteinhalbinsel bekam ich als Hausaufgabe, alles über Dereks Steingarten zu lesen. Ich war völlig hingerissen, sowohl von seiner Sprache als auch davon, wie es ihm gelang, ein kleines schwarzes Häuschen an einem Strand, der aussah wie ein Mondkrater und im Schatten eines Kernkraftwerks lag, als das Paradies auf Erden erscheinen zu lassen.

Kurz darauf verlor die Malerin ihre Halbinsel. Aus der Kopie von Jarmans Garten wurde also nichts. Aber das Original schimmert immer noch wie ein Heiligenbild in meiner Phantasie. Denn Derek biss sich fest. Die Pflanzen, die er in dem kargen Milieu pflanzte, in ständigem Kampf gegen die Naturgewalten, waren eine Metapher für den Kampf, den sein eigener Körper kämpfte: gegen die immer noch tödliche Infektion HIV. Der Garten war Medizin. Ein Ort, an dem Derek alles vergessen konnte. Er baute Stillleben aus Treibholz und fasste seine Beete mit Feuerstein ein. Die Arbeit ging langsam voran – Derek musste auf den nächsten Sturm warten, damit neue Steine an seinen Strand gespült wurden. Als er fertig war, sah das Beet aus wie der Unterkiefer eines Dinosaurierfossils, die weißen Steine leuchteten wie Riesenzähne im Kies.

Die Besucher glaubten, der Garten sei ein magischer Ort – und dass Derek ein guter Zauberer war, der gegen das Kernkraftwerk kämpfte. Er las okkulte Bücher und legte Steinkreise an, inspiriert von den vorchristlichen Monumenten in Avebury. Im Winter waren die Kreise wie Stellvertreter der Blumen. Und dann kam wieder der Frühling, der Meerkohl streckte seine fleischigen, graugrünen, beinahe staubigen Blätter aus. Das Heiligenkraut wuchs über alle Grenzen. Die Wildrose kletterte über ein Stück Treibholz.

Am Ende war der Garten keine Metapher mehr, sondern ein Kontrast. Dereks Körper wurde immer weniger, aber der Garten, dem er das Leben geschenkt hatte, blühte. Und dank seiner poetischen Fähigkeit und seinem unverrückbaren Glauben an die Kraft der Natur, können wir, die wir das Leben noch leben können, staunen und das primitive Paradies, das er geschaffen hat, genießen.

Meerkohl – der bessere Brokkoli

Meerkohl ist ein ausgesprochen schöner, gräulicher, mächtiger wilder Kohl, den man in allen Inkarnationen essen kann: die Triebe, Stiele, Blätter, Knospen und Blüten – alles schmeckt gut.

Derek Jarman aß seine Pflanzen nicht (man sagt, dass Pflanzen besonders gut Radioaktivität aus dem Boden aufnehmen, aber er wusste, dass er zu den allerbesten Frühlingsgemüsen gehört).

Meerkohl ist leicht anzubauen. Wenn er von selbst kommt, wächst er an den unglaublichsten Orten – direkt zwischen den Geröllsteinen am salzigen Meer. Aber auch im Lehmboden. Am schönsten ist er zusammen mit anderen Küstenpflanzen, zum Beispiel vor einer zarten, fluffigen Hecke aus Spargel. Tang eignet sich ausgezeichnet als nahrhafte Mulchdecke um den Strandkohl, wie er auch heißt, aber man kann auch ganz normal düngen. Und wenn die Kohlraupen alles niedermachen, was auch nur einen Tropfen Kohl-DNA trägt, wächst der Meerkohl unbehelligt weiter.

Das Schwierigste ist, überhaupt eine Pflanze zu bekommen. Meerkohl bildet große, wunderbare, leicht hantierbare Samen, die sich bei mir weigern zu keimen, obwohl ich sie schon eingeweicht und mit Kälte behandelt habe. Außerdem steht die Pflanze an manchen Orten unter Naturschutz, und man soll keine Pflanzen in der Natur ausgraben. Als ich bemerkte, dass der neue Nachbar in der Kleingartenanlage einen ganzen Trupp Meerkohlpflanzen mitbrachte, war ich außer mir. Ich drehte hungrige Kreise um seine Parzelle, bis er endlich fragte, ob ich ein paar Wurzeln ausgraben wolle. Sie wuchsen allesamt an, und im nächsten Sommer konnte ich endlich diese von Mythen umgebenen Primeurs kosten: gebleichte Meerkohlstängel. Man kann auch ungebleichte Stängel und Blätter essen, aber genau wie die Viktorianer finde ich, dass man alles bleichen sollte, was man bleichen kann.

Ich fing früh an, zu der Jahreszeit, die man in Schweden fälschlicherweise Frühling nennt, indem ich einen alten, schwarzen Plastikeimer über den Kohl stülpte. Eigentlich genügt das schon – in der Dunkelheit unter dem Eimer werden die Stängel lang, anämisch und superzart. Kurz gedämpft und mit gebräunter Butter übergossen, kann ich die vielen gebrochenen Versprechen des Frühlings ein wenig vergessen.

Aber genau wie die Viktorianer habe ich eine Schwäche dafür, die Dinge kompliziert zu machen. Also schnitt ich ein kleines verschließbares Guckloch in den Boden des Eimers, um die Entwicklung des Kohls verfolgen zu können (die Lust, heimlich zu gucken, unterscheidet vielleicht die Tiere von den Menschen). Um den Eimer füllte ich das Beet mit ungarem Mist auf – also frischem Mist von oben und nicht aus dem Innern des Misthaufens. Ich bedeckte den Mist mit feuchtem Stroh, das den ganzen Winter draußen gelegen hatte, und dann goss ich mit Goldwasser (Urin und Wasser), um den Prozess zu beschleunigen. Hunderte von glücklichen kleinen Insekten surrten kurz darauf um das Strohdach, und die ganze Parzelle roch nach Stall.

Der Mist fängt jetzt an zu verrotten und entwickelt Wärme, die den schwarzen Eimer in einen Kohl-Brutkasten verwandelt. In diesem kohlschwarzen Gewächshaus wachsen die zarten Stängel in Windeseile. Lange vor dem Freilandkohl, der immer noch in der Kälte mit den Füßen stampft.

Greta Sturdza

(1915–2009)
Die Königin des Wintergartens

Die Leute in der Normandie sind ein wenig … speziell. Darüber sind sich die meisten Leute dort einig. Aber auch die Normandie selbst ist ein bisschen speziell. Man merkt es, kaum dass man aus dem Zug gestiegen ist, direkt am Rand dessen, was ein Stück weiter draußen zum Ärmelkanal wird. In den kalten Monaten schmecken die Austern, als würde man das Meer auf den Mund küssen, und die Kamelie blüht schon im Februar. Hierher zog Margareta Sturdza, Prinzessin durch die Heirat mit einem rumänischen Prinzen, im Jahr 1955. Sie hatte sich in das alte Haus des Komponisten Albert Roussel verliebt und es übernommen. Als Erstes ließ sie den Wald, der auf dem großen Grundstück wuchs, abholzen und widmete den Rest ihres Lebens ihrem ultimativen Garten, Vasterival. Ihre Lieblingsjahreszeit war der Winter.

Eigentlich nicht so merkwürdig, wenn man ihre Herkunft bedenkt. Sie wurde in Norwegen geboren, die Eltern waren norwegisch-russisch, und sie traf ihren Traumprinzen, als sie in Oxford Literatur und Philosophie studierte. Sie zogen zusammen nach Rumänien. Im Land herrschte nach dem Zweiten Weltkrieg eine Hungersnot, Greta wurde Nothelferin, aus der Ferne unterstützt vom schwedischen Grafen Folke Bernadotte. Als die rumänische Monarchie gestürzt wurde, musste Greta das Land verlassen, Folke half ihr, mit den Kindern nach Prag zu fliehen. Gretas Mann folgte zu Fuß.

Als die Familie sich in Frankreich niederließ, war das karge Leben der Prinzessin nicht fremd. Und die schwierigste Jahreszeit dominierte ihre Träume von einem Garten. Als Greta in Vasterival ankam, war ihr Ziel, in jede Richtung gehen oder schauen zu können und garantiert eine schöne Szene, eine spannende Perspektive oder eine harmonische Gruppe zu erblicken – ganz gleich zu welcher Jahreszeit.

Und ja, das Klima in der Normandie ist milder als das nordische, mit dem Greta aufgewachsen war. Aber ist ein langer Winter nicht der beste Grund dafür, den Stil von Vasterival nachzuahmen? Die Baumformen, die Struktur eines Stammes, die Farbe der feuchten Rinde, Früchte, die noch am Baum hängen – alles erreicht seinen poetischen Formgipfel im Winter. In Gretas Garten blüht es zudem im Winter: Christrosen, Zwergkirschen, Kornelkirschen (»die Mimose des Nordens«) und Schneeballhybriden, deren kahle Zweige mit süßen rosa Blütendolden eine Brücke bilden zwischen dem letzten Grün des Herbstes und dem ersten des Frühjahrs.

Einmal pflanzte Greta fünfhundert orientalische Christrosen in einen Wald, bestehend aus Magnolien, Zaubernuss (blüht mit eigenartigen Fransentroddeln am kahlen Ast) und japanischem Ahorn, dessen Blätter im Herbst, wenn die Sonne durchscheint, so rot sind, dass man wegschauen muss, um nicht selbst zu erröten. Bei einem so showmäßigen Winter muss der Sommer sich wirklich anstrengen, um mithalten zu können, und in Vasterival bedeutet das unter anderem Wolken von fleischigen Hortensien, die in unendlich vielen Farben blühen, vom reinsten Babyblau bis zum rotweinfleckigen, antiken Leinentischtuch. Greta war Autodidaktin, mulchte (mehr auf Seite 133) und baute eine so große Pflanzensammlung auf, dass sie einen wissenschaftlichen Wert erlangte. Neben ein paar primitiven Nadelbäumen ist ihre Rhododendronsammlung besonders beeindruckend. Der erste blüht an Weihnachten, der letzte im August/September.

Greta arbeitete eigentlich ihr ganzes Leben lang im Garten – sie starb im Alter von vierundneunzig Jahren. Während ich das schreibe, zu den Klängen von Albert Roussels sentimentalen Klavierklängen, schickt mir eine Freundin einen Stapel Bilder von einem Besuch in Vasterival. Und da ist sie: Greta, ein bisschen krumm, aber doch draußen in ihrem Traumgarten in Segelschuhen. Einen schnurrbärtigen Mann als Stütze am einen Arm und in der Hand keinen Stock, sondern eine Hacke, mit der sie, so stelle ich es mir vor, mal ein Unkraut wegkratzt, mal Leute verscheucht, die gerade auf ihre höchst geschätzten Blumen treten.

Transparente Bäume

In Greta Sturdzas Garten sind die Bäume nie undurchdringlich grün. Sie sind transparent, das ganze Jahr über, die spinnwebigen, lichten Kronen sehen aus wie gemalte Adern gegen den normannischen Himmel. Sie sind nicht von allein so geworden, und wenn man diese transparente Art des Beschneidens kopieren will, fängt man am besten mit einem jungen Baum an. Ein ausgewachsener Baum, der so hart beschnitten wird, besitzt so viele Muskeln, dass er die abgeschnittenen Äste sofort durch Wasserschösslinge ersetzt – das sind ärgerliche dünne Zweige, die in kurzer Zeit viele Dezimeter wachsen –, und die Baumkrone sieht dann aus wie ein schlecht gebundener Reisigbesen.

In Vasterival werden die Bäume in JAS – Juli, August, September – beschnitten, wenn der Saft langsamer fließt, aber die Wunden immer noch Zeit haben, vor dem Winter zu heilen. Erst schneidet man alle toten oder kranken Äste ganz ab. Dann alle kleinen Äste und Zweige – sie bekommen zu wenig Licht und können nicht groß und mächtig werden. Danach alle Äste, die nach innen wachsen, alle, die sich kreuzen, und alle, die nahe beieinander wachsen. So bleiben nur große, kräftige, gesunde Äste übrig, mit viel Platz nach allen Seiten – wie lange, sehnige Arme mit einer grünen Faust am Ende.

Jetzt kann man auch im Sommer durch die Baumkrone schauen, bis in den Himmel darüber, der dann wie ein Leuchttisch für Zweige und Blätter ist, deren Formen und Farben noch dramatischer hervortreten. Und umgekehrt gelangt das Licht von oben hinunter bis auf das, was am Boden wächst: Pflanzen, die ansonsten im tiefen Schatten der Bäume eingehen würden.

Normalerweise vermeidet man es, etwas direkt an einen Baumstamm zu pflanzen, einmal wegen des Schattens und weil große Bäume alles Wasser aus dem Boden saugen. Greta nutzte das. Sie pflanzte Rondelle aus Alpenveilchen und Christrosen um die Füße ihrer Bäume. Beide blühen im Winter, wenn die kahlen Baumkronen viel von dem knappen Tageslicht durchlassen und andere Teile des Gartens viel zu nass sind. Alpenveilchen und Christrosen sind außerdem gute Nachbarn. Von Ende August an ist der Boden bedeckt von blühenden Alpenveilchen und einzelnen grünen Blättern, die noch von den Christrosen übrig sind. Im November übernehmen dann die grünmelierten Blätter der Alpenveilchen, und ab Ende Dezember schlägt Gretas Stammchristrose wieder ihre gelbgrünen Blüten aus. Die allerletzte Schicht des Winters übernehmen dann große

Mengen Schneeglöckchen, wie eine weiße Flagge, die die Kapitulation der Kälte signalisiert und das allererste Zeichen dafür ist, dass es, trotz allem, auch dieses Jahr wieder Frühling wird.

Carl Peter Thunberg

(1743–1828)
Samen, Samen, überall Samen

Er war Skorpion, Botaniker, Lehrling von Carl von Linné und vermutlich der eigensinnigste Mensch, der je in Jönköping geboren wurde. Vielleicht in ganz Småland.

Ende des 18. Jahrhunderts saß Carl Peter Thunberg in Europa fest, er träumte von den exotischen Pflanzen, die weit weg in Japan wachsen mussten. Aber Japan lag nicht nur am anderen Ende der Welt, es war auch geschlossen. Ausländer wurden nicht hineingelassen. Es gab jedoch ein Schlupfloch: Japan hatte ein Handelsabkommen mit den Niederlanden, und die Holländer, die von Nutzen sein konnten, kamen an den Türstehern vorbei.

Thunberg beschloss also, Holländer zu werden. Ein guter Holländer. Er verließ Schweden und begann die lange Reise, indem er auf Medizin umsattelte. Es ließ sich in den Niederlanden nieder, bewarb sich als Schiffsarzt bei der Ostindischen Kompanie und konnte schließlich ein Schiff Richtung Südafrika besteigen – das war der kürzeste Weg nach Japan.

Mit einer neuen Sprache und einer neuen Identität landete er schließlich im Land seiner Träume. Aber die Enttäuschung war total. Nicht einmal die Holländer konnten sich frei bewegen, Thunberg wurde auf einer künstlichen Insel festgehalten, zweihundert Meter lang und mit nur einer Brücke zum Festland. So nah und doch so fern – nie war dieser Satz treffender.

Aber wie wir Thunberg kennen, ist er kein Hinschmeißer. Und er hatte verstanden, wie wichtig Freunde sind. Er freundete sich also mit seinen japanischen Dolmetschern an. Er freundete sich mit dem Arzt vor Ort an, mit Pflanzenjägern und Astronomen. Mit Berühmtheiten und Bauern. Hätte er ein Adressbuch gehabt, man hätte dafür sterben wollen.

Eine meiner Lieblingszeichnungen zeigt Thunberg im 18.-Jahrhundert-Outfit, wie er sorgfältig eine Pflanze untersucht, zusammen mit einem halbnackten javanischen Kollegen. Thunberg gab sein Wissen und bekam dafür Pflanzen.

Als der Tauschhandel nicht mehr ausreichte, gelang es ihm, auf den jährlichen niederländischen Ausflug in die Hauptstadt Edo (heute Tokio) mitgenommen zu werden. Während der langsamen Fahrt konnte er heimlich alles studieren, was am Wegesrand wuchs. Zurück auf seiner künstlichen Insel mit der einen Brücke hatte er genug gesehen und kehrte schließlich nach Schweden zurück.

Von Haus zu Haus dauerte die Reise neun Jahre. Im Gepäck hatte er Pflanzenschätze und das geniale Werk *Flora Japonica* – eine Kartierung der Pflanzen und Tiere Japans. Thunberg war lange der einzige europäische Wissenschaftler, der Japan besucht hatte, und bis in die Mitte des 19. Jahrhunderts musste man sich an ihn wenden, wenn man etwas – irgendetwas – über das Land wissen wollte. Die Europäer waren nicht die Einzigen, die von der Pflanzenspionage beeindruckt waren. Etwa fünfzig Jahre nach seinem Besuch erschien *Taisei Honzō Meiso* – eine freie japanische Bearbeitung von *Flora Japonica*.

Die offizielle Geschichte von Thunberg ist fast heming-waymäßig frei von Adjektiven. Wie war er? Wie sehr vermisste er seine Frau in den Jahren, in denen sie getrennt waren? Mochte er Tofu? Das Bild von ihm ist eher wie ein energischer grüner Blubb, der sich hin und zurück über den Globus kleckst, in einer Wolke von Wurzeln, Nüssen, Samen und Pflanzen. Und doch war und ist Carl Peter Thunberg ganz außergewöhnlich, einzigartig.

Thunbergia

Dank seiner unermüdlichen Jagd nach Pflanzen und all seiner Fans, die wiederum oft selbst Pflanzenjäger waren, gibt es eine ganze Menge Pflanzen, die nach Carl Peter Thunberg benannt sind.* Eine der tollsten ist *Thunbergia alata*, Schwarzäugige Susanne. Sie ist eine Schlingpflanze aus dem tropischen Afrika, die in nördlicheren Breiten als einjährige Pflanze gezogen wird. Man sät sie im Frühjahr im Haus und pflanzt sie aus, wenn kein Frost mehr zu befürchten ist, und dann läuft sie davon, mehrere Meter in nur einem Sommer. Ich empfehle ein Klettergestell mit viel Platz.

Es gibt viele Sorten der Schwarzäugigen Susanne, aber am bekanntesten ist die, die der Pflanze ihren Namen gegeben hat. Sie hat gelbe, trompetenartige Blüten mit einem kohlschwarzen Schlund. Ich mag sie besonders gern, weil es fast keine Blumen – oder überhaupt Pflanzen gibt –, die so richtig schwarze Anteile haben.

---

* Es gibt einen Ehrencodex unter Pflanzenjägern, der besagt, dass man Pflanzen, die man entdeckt, nicht nach sich selbst benennt, sondern nach Personen, die man mag oder bewundert. Und dann muss man die Daumen drücken, dass die anderen einem diesen Dienst zurückzahlen.

Jetzt folgen ein paar meiner anderen nach ihm benannten Lieblinge:

Pinus Thunbergii. Japanische Schwarzkiefer. Die klassische Bonsaikiefer, die auch im Freien wächst, wo sie so hoch wie eine richtige Kiefer werden kann.

Pueraria Thunbergiana. Kudzu (heißt auch *P. montana*). Ein gefürchtetes Unkraut mit potenziellen medizinischen Eigenschaften: Es wird behauptet, dass die Pflanze sowohl gegen Kater als auch gegen die Lust auf Alkohol hilft.

Thunbergia mysorensis. Himmelsblume. Diese Pflanze hat sehr wütende Blüten: ein knallrotes Gesicht und einen riesigen Mund mit gelben Lippen, der einen wütend anzuschreien scheint.

Tim Smit

(geb. 1954)
Der Küchengarten Eden

Mitten im kleinen Gemüsebeet wuchsen eines Tages buschige Sträucher, die meisten einen Kopf größer als ich, auf eine Art, die alles, was drum herum hätte wachsen können, verdrängten. Ich hatte mir immer wieder vorgenommen auszulichten, aber es gab dauernd etwas anderes zu tun oder Kaffee zu trinken. Und binnen weniger Wochen hatte die eigenartige Pflanze alles überwuchert. Von schmalen Zweigen hingen kleine grüne, chiliähnliche Früchte. Ich starrte den ungehorsamen Busch und die

Früchte an – Rattenschwanzradieschen* –, zögerte einen Moment und steckte dann eine in den Mund. Ich biss durch die Schale, bis die kleinen Samen zwischen den Zähnen platzten und mein Mund erfüllt wurde von einem so radiespfeffrigen Geschmack, dass es in der Nase kitzelte. Mein Rattenschwanzradieschenbusch hatte geliefert. Tim Smit und sein Eden-Projekt hatte die kleinen Rattenschwänze in meinen Mund gesteckt.

Ziemlich (okay, sehr) vereinfacht könnte man sagen, dass Eden das größte eiförmige Gewächshaus der Welt ist. Tim bereitete sich auf sein verrücktes Eden-Projekt vor, als er mit der Rekonstruktion des *Lost Garden of Heligan* beschäftigt war. Heligan war ursprünglich ein Schlosspark, der von vielen Generationen von Botanikern betreut worden war. Der Park geriet in Vergessenheit, als Gärtnern noch ein Lebensstil war, den man nur pflegen konnte, wenn man genug Angestellte hatte. Und als fünfzehn Gärtner während des Ersten Weltkriegs ins Feld zogen und acht von ihnen starben, verfiel der Garten.

Tim Smit wiederum ist ein Sechzig-plus-Exmusiker, der von London nach Cornwall zog, um in einer Scheune Filmmusik zu schreiben und zu gärtnern. Aber dann kam Heligan. Denn als Tim nach Cornwall kam und sagte: »Pah, da ist doch nur ein bisschen Brombeergestrüpp!«, war er der Erste, der es wagte, den Gedanken zu denken, dass man Heligan wiederentdecken und – erwecken könnte. Und hier, als er in der Erde der gefallenen Gärtner grub, erarbeitete Tim die Moral für sein Lebenswerk: einen riesigen, verlassenen Tagebau in einen exotischen Garten Eden zu verwandeln.

Man kann Eden eigentlich nur in trockenen Fakten zusammenfassen (die Gewächshäuser sind doppelt so hoch

---

* Rattenschwanzradieschen *Raphanussativus.*

wie der Big Ben, die Rockgruppe Pulp und Amy Winehouse haben hier gespielt, der Bau hat ungefähr 150 Millionen Pfund gekostet, viele der Tausenden von Pflanzen aus dem Regenwald, die hier wachsen, werden aus dem Samen gezogen). Aber der Grundgedanke von Eden ist, zu zeigen, wie stark der Mensch von der Natur abhängig ist. In den Gewächshäusern kümmern sich die vielen Mitarbeiter um all die Pflanzen, die sich sonst um uns kümmern – wie Bambus, Gummi und Kaffee.

Genau diese Ambition führte zu meinen Rattenschwänzen. Von den etwa dreitausend essbaren Pflanzen, die man im nordatlantischen Klima anbauen könnte, konzentrieren wir uns auf magere zehn bis zwanzig. Das gehört zu den Dingen, die Tim (mittlerweile Sir Tim) ändern will: Eden ist Ausbildungsstätte, Kunstwerk, lebendiges Restaurant und Zukunftsvision, alles in einem.

Mit der Inspiration – und den Samentütchen – habe ich Blätter gezogen und gekaut, die nach Steak* schmecken, Gurken eingemacht, die aussehen wie winzige Wassermelonen**, fasziniert einen essbaren Riesengänsefuß*** angestarrt, der glitzert wie eine lila Diskokugel in der Sonne. Der verrückte Callaloo**** kam jedoch nie. Aber wenn ich etwas von Tim und Eden gelernt habe, dann ist es, nie aufzugeben.

---

* Beefsteakpflanze *Perillafrutescens*. Eine Blattpflanze, die nach Steak schmeckt.
** Mexikanische Minigurke *Melothriascabra*. Eine Gurke, die jede Menge winzige Früchte bildet, die wie Wassermelonen aussehen.
*** Baumspinat *Chenopodiumgiganteum*. Blattgemüse mit glitzernden lila Blättern.
**** Callaloo *Amaranthus tricolor* alias Dreifarbiger Fuchsschwanz. Callaloo ist sowohl eine Pflanze als auch ein jamaikanisches Gericht, das die Rastafaris lieben. Der dreifarbige Fuchsschwanz ist Teil des Gerichts.

Was ist ein Rattenschwanzradieschen?!

Wieso sind fast alle Pflanzen, die wir essen, zahm? Sie sind von Generationen von Gärtnern und Bauern gezähmt worden – menschlichen und pflanzlichen. Die Pflanzen haben sich von ihren wilden, bitteren Ahnen entfernt: Sie haben größere Früchte bekommen, fleischigere Blätter, längere Stiele, je nachdem, welchen Teil der Pflanze der Gärtner stärker ausbilden will. Die meisten Radieschenzüchter wollten eine mittelgroße, runde, knackige Wurzel. Die meisten, aber nicht alle. Manche haben sich stattdessen auf die Blätter des Radieschens fokussiert. Radieschenblätter sind essbar. Das Grün von Radieschen aus dem Supermarkt wird wieder frisch, wenn man es eine Weile in eiskaltes Wasser legt. Der Geschmack ist frisch und nur leicht scharf. Aber manchmal stechen die Blätter auf der Zunge. Dieses Problems hat sich ein sehr beharrlicher Züchter angenommen. Ein Radieschen mit verschwindend kleiner Wurzel, aber großen weichen Blättern wurde herausgezüchtet und wird heute noch angebaut.

Dann wollte man Radieschen züchten, die nicht so schnell blühen. Das zieht Energie aus der Wurzel, die holzig wird und nicht mehr schmeckt. Aber noch einmal: Nicht alle Züchter hatten diesen Fokus. Als man die Rattenschwanzradieschen züchtete, wollte man genau das – man arbeitete mit Samen von Pflanzen, die sehr schnell blühten. Und nun sind wir bei meinem Rattenschwanzbusch: Er ist die mannshohe Version eines Radieschens, das geblüht und Früchte ausgebildet hat. Als mir das aufging, war es beinahe eine Offenbarung. Die kleinen Rattenschwänze sind ganz einfach die Samenschoten der Radieschen. Man kann die Samenschoten von allen Radieschen essen, aber die Rattenschwanzradieschen sind so gezüchtet worden, dass sie eine reiche, schnelle Ernte liefern.

Die Rattenschwanzradieschen sind extrem leicht zu ziehen, ein oder zwei Büsche reichen völlig, sie geben mehr Früchte, als man ernten kann; sie passen perfekt als Snack, in einen Salat oder in asiatisches Wokgemüse.

Lars Cedergren

(1918–1996)
Der Rosenritter

In einer dunklen Zeit regierte nur eine Sorte Rosen in den schwedischen Vorgärten: die Beetrose. Diese Büsche, die man radikal zehn Zentimeter über dem Boden zurückschnitt, wenn die Birken die ersten grünen Blätter zeigen, und die dann zuverlässig und total vorhersehbar blühen, bis die Kühe von der Weide in den Stall gehen. Klar, sie sehen gut aus, aber ihnen fehlt, wie wir bereits wissen, ein entscheidendes Detail: der Duft.

Das war vor meiner Zeit als Gärtnerin, aber Freunde haben mir von dieser trostlosen Zeit berichtet. Und dann erzählen sie fast immer von der Revolution, angeführt von einem Aufrührer und seiner Baumschule: Cedergren & Co.

Lars Cedergren liebte alte, anspruchsvolle, schöne, fast vergessene Rosen. Die Art altmodischer Rosen, die keine Beetrosen sind. Die allerschönsten sind empfindlich, sie blühen im ersten Jahr nicht, und wenn man sie zu stark beschneidet, bekommt man überhaupt keine Blüten. Sie sind anspruchsvoll, aber sie zahlen es zurück, indem sie die Sinne zu elektrischem Leben erwecken: durch reine, diskrete

Schönheit und einen Duft, der einen Elefanten umhauen kann. Eine frische »Frühlingsduft«, eine süße »Cardinal de Richelieu« oder eine alte Moosrose, die nach Myrrhe riecht und deren Knospen, wenn man sie vorsichtig reibt, einen vagen Duft nach Harz von sich geben.

Meine Lieblingsautorin Karin Berglund schrieb einmal, dass Lars – unter Freunden Lasse – Cedergrens Rosenkatalog »das Erregendste an Literatur für einen dunklen Winterabend« sei. Um herauszubekommen, welche Tricks Lasse bei seiner Jagd auf Rosen anwendete, rufe ich seinen Sohn Krister an, der jetzt die Baumschule betreibt. »Das willst du eigentlich nicht wissen«, antwortete Krister und lachte. Er erzählte, Lasses größtes Kapital seien die Erinnerungen an die Rosen der Jugend gewesen. Nach mehreren harten Kriegswintern, die viele der modernen, industriell blühenden Rosen nicht überstanden, lebten die alten, unempfindlichen in Lasses Kopf weiter.

Einige hatte er auch in seiner Baumschule, zu der sehr bald Stammkunden und Sammler fanden. Im Juli – zu einer Zeit, als man noch keine Pflanzen in Töpfen verkaufte, war das die Nebensaison – machte sich Lasse zu einer Pilgerreise auf. Krister beschreibt Lasses Autofahrten als »Spionagereisen«. Er fuhr durch ländliche Wohngebiete und bremste, wenn er eine ungewöhnliche Rose sah. Die Rosen – sie waren auch zu jener Zeit schon alt – hatten die Besitzer oft schon beim Kauf des Hauses dazubekommen, und der nette Onkel, der an der Haustür klingelte, gab weiter, was er im Überfluss besaß: Wissen und Rosengeschichte. Dann durfte er im Lauf des Jahres wiederkommen und die obskuren, wertvollen Augen* der Rosen pflücken und daraus

---

* Wenn Amateure pfropfen, dann befestigen sie ganz brutal neue kleine Zweige mit Klebeband an alten Bäumen und Büschen.

neue, prachtvolle Büsche ziehen und sie zum übrigen neu erweckten Volk der Rosenliebhaber bringen.

Es gab eine Rose, die Lasse ganz besonders mochte: »Souvenir de la Malmaison«. Eine Bourbonrose mit dicht gefüllten, wohlriechenden blassrosa Blüten. In ihrem Buch *Lust och fägring* (Lust und Schönheit) bemerkt Karin Berglund jedoch, dass der Katalogtext für diese Rose kurz, fast trocken sei. »Damit die Leute nicht merken, wie wunderbar sie ist«, soll Lasse gesagt haben. »Rein und schön in ihrer Einfachheit«, so beschreibt Krister die Rose. Und so unbekümmert in Bezug auf das Leben und den Tod, dass sie fast keine Augen ausbildet – eine Rose, für die nur ein wahrer Rosenliebhaber die Zeit, die Leidenschaft und die Geduld aufbringt, um sie zu einer vorsichtigen Vermehrung zu locken.

Die Souvenirs vom Château Malmaison

Es ist Zeit für eine kurze Zusammenfassung: es gibt altmodische Rosen und moderne Rosen. Die Grenze ist ganz konkret: 1867 war das Jahr, als sich alles veränderte. Da präsentierte der Rosenveredler Jean-Baptiste André Guillot seine neue Züchtung: die Teehybride »La France«. Alle Rosen, die davor gezüchtet wurden, nennt man altmodisch, und alle nach »La France« werden zu den modernen gezählt. Die modernen Rosen sind oft gesund, unempfindlich und zuverlässig, aber vielleicht auch ein kleines bisschen ... (psst!) langweilig. Die altmodischen Rosen, die Lars Cedergren wieder aufgestöbert hat wie ein verliebter Detektiv, sind ro-

---

Richtige Profis, wie Lars, brauchen nur eine winzige Knospe, um einen neuen, großen Busch zu ziehen. Bei Rosen nennt man diese Knospen Augen.

mantisch und zart, dekadent und mit berauschendem Duft. Sein Liebling unter diesen Primadonnen war »Souvenir de la Malmaison«. Klingt der Name Malmaison bekannt? Die Rose wurde benannt nach dem Schloss, von dem sich die Gartenarchitektin Ester Claesson (Seite 57) hat inspirieren lassen.

Im Château de la Malmaison, nicht weit von Paris, wohnte und gärtnerte die Kaiserin Joséphine: Amateurbotanikerin, Naturhistorikerin und verheiratet mit Napoleon I. Joséphine stammte aus armen Verhältnissen und wurde von ihrem ersten Mann ins Kloster geschickt, bildete sich jedoch während der Zeit dort irgendwie zur Hobby-Kurtisane fort. Sie kehrte in neuer Gestalt nach Paris zurück und konnte sich gerade noch unter der Guillotine wegducken, die ihren Mann köpfte. Sie kam stattdessen ins Gefängnis, überlebte, wurde entlassen und fand ihren Weg in die absolute politische Oberschicht von Paris. Joséphine wurde ein postrevolutionäres It-Girl mit der Fähigkeit, allen das Hemd vom Leib zu charmieren. Der sechs Jahre jüngere Napoleon Bonaparte bildete keine Ausnahme. Um das Schloss, in das die beiden zogen, gab es einen 726 Hektar großen Park, und dort schuf Joséphine einen großartigen Garten. Ihr Hunger nach Pflanzen war groß: Sie bekam ihren ausgesprochen uninteressierten Mann dazu, von seinen Reisen Pflanzen mitzubringen, und als er halb Europa den Krieg erklärte, bekamen die Schiffe mit den Pflanzen, die Joséphine bestellt hatte, freies Geleit. Nicht nur ihr eigener Garten wurde biologisch reicher, sie war großzügig und teilte ihre Beute mit Parks, Museen und anderen Botanikern. Sie importierte und etablierte Hunderte neuer Arten: Blumen und Bäume, die noch nie einen Samen in Europa versenkt hatten, aus so exotischen Gegenden wie Australien und Südafrika. Im Schlosspark des Chateau de la Malmaison stolzierten Europas erste schwarze Schwäne unter Europas ersten Akazien und Eukalyptusbäumen umher. Die Kängurus überlebten den Winter leider nicht.

Joséphine hatte sich auch vorgenommen, systematisch alle Rosen der Welt zu sammeln und zu ziehen. Damals gab es schätzungsweise 250 Stück. Also kein Problem. Auf prachtvollen, blühenden Terrassen schrieb sie ihre Initialen mit Hilfe ihrer exotischen Rosensammlung, wie eine Art extravaganter, altmodischer Klospruch.

Weder ihr Garten noch ihre unschätzbare Pflanzensammlung wurden nach ihrem Tod bewahrt. Aber die Blumen – die Souvenirs von Malmaison – leben auch heute noch weiter, genau wie die zartrosa, duftende Rose mit den riesigen Blüten, die nach ihrem Zuhause getauft wurde und die auch heute noch verführt und durch die sich die Leute in ihrer Lebensgeschichte verlieren.

Rosenduftende Rhabarbermarmelade

Rose ist ein unterschätztes Aroma. Eine bombensichere Geschmackskombi sind parfümierte Rosen, süße Vanille und säuerlicher Rhabarber. Am besten passt eine Rose mit starkem Duft. Ganz normale Hundsrosen, die oft in Parks wachsen, sind am besten. Man sollte auf keinen Fall Schnittrosen nehmen – Pflanzen, die nicht zum Verzehr gezogen werden, können mit allen möglichen fürchterlichen Sachen gespritzt worden sein. Man pflückt die Kronblätter, wenn sie voll erblüht sind, oder, wenn man genug Rosen hat, direkt bevor die Knospen aufblühen, um die Mittagszeit, bei trockenem, warmem Wetter.

Nehmen Sie Ihr Lieblingsrezept für Rhabarbermarmelade oder folgen Sie diesem Standardrezept:

1 kg Rhabarber (geputzt)
1 kg Zucker
2 Schluck Wasser
1 Vanillestange
1 Handvoll Rosenblätter

Rhabarber in Stücke schneiden, mit dem Zucker vermischen und mit einem Schluck Wasser in einen großen
Topf geben. Die Vanillestange in der Mitte aufschneiden,
das Mark herauskratzen und in den Topf geben, Stange in
Stücke schneiden und ebenfalls in den Topf geben.

Aufkochen und unter Rühren so lange köcheln lassen,
bis der Zucker sich aufgelöst hat. Wenn die Marmelade fest
werden soll, muss man Zitronensaft, Pektin oder einen sau-
ren, in Stücke geschnittenen Apfel hinzugeben und einen
Gewürzbeutel mit der Schale, den Kernen und dem Kern-
gehäuse des Apfels.

Köcheln bis der Rhabarber weich ist. Abschäumen, wenn
nötig.

Topf vom Herd nehmen und die Rosenblätter einrühren.
15 Minuten stehen und abkühlen lassen.

Dann in sterilisierte Gläser mit dicht schließendem
Deckel füllen. Wenn möglich in jedes Glas ein Stückchen
Vanillestange geben. Wenn man einen noch intensiveren
Rosengeschmack möchte, kann man jetzt noch 2–3 Tropfen
Rosenwasser in jedes Glas geben.

Dunkel und kühl aufbewahren, 6 Monate haltbar oder
länger, wenn die Marmelade noch so riecht und schmeckt,
wie es sein sollte.

Buchtipps

- Tovah Martin: *Tasha Tudor's Garden.* 1994.
- *Das große Buch der Hildegard von Bingen. Bewährtes Heilwissen für Gesundheit und Wohlbefinden.* 2017.
- Masanobu Fukuoka: *Der große Weg hat kein Tor.* 2013.
- Derek Jarman: *Derek Jarman's Garden.* 2009.
- Tim Smit: *Eden.* 2002.
- Masanobu Fukuoka: *Der Große Weg hat kein Tor. Nahrung, Anbau, Leben.* 2007.

Die Gärtnerinnen und Gärtner

1609 Gerrard
Winstanley

1098 Hildegard
von Bingen

1275 Musò
Soseki

1626 Jean-Baptiste
de La Quintinie

1707 Carl
von Linné

1715/1716 Lancelot
»Capability« Brown

1743 Carl Peter
Thunberg

1840 Claude
Monet

1843 Gertrude
Jekyll

1849 August
Strindberg

1859 Karin
Larsson

1864 Jeanne
Ghyka

1870 Anna
Lindhagen

1879 Vanessa
Bell

1884 Ester
Claesson

1884 Ruth
Stout

1886 Constance
Spry

1892 Vita
Sackwille-West

1909 Ulla
Molin

1912 Juliette de
Baïracli Levy

1913 Annemarta Borgen   1913 Masanobu Fukuoka   1915 Tasha Tudor   1915 Greta Sturdza   1918 Lars Cedergren

1921 Christopher Lloyd   1925 Nils Åkerstedt   1937 Karin Berglund   1942 Derek Jarman   1943 Heidi Palmgren

1945 Liz Christy   1952 Isabella Rossellini   1954 Tim Smit   1955 Monty Don   1964 Michelle Obama

1969 Thierry Boutemy   1969 Fritz Haeg   1983 Frank Erichsen   1984 Anders Stålhand   Ron Finley, noch am Leben

Über die Autorin

Elin Unnes ist eine schwedische Musikjournalistin und begeisterte, jedoch lange Zeit heimliche Gärtnerin. Sie hat viele Jahre für *Vice* sowie für *BBC World Service* gearbeitet. Auf ihrem Blog »The Secret Gardener« berichtet sie von ihren Erfahrungen im Beet. Einer ihrer bisher größten Erfolge war eine sehr frühe Kartoffelernte. Elin Unnes lebt in Stockholm.

Die Übersetzerin

Regine Elsässer studierte Germanistik, Theaterwissenschaften und Skandinavistik. Seit 1983 übersetzt sie Bücher aus dem Schwedischen, Dänischen und Norwegischen. Sie lebt in Mannheim.

Autorenfoto: Luna Vassarotti